세계화의 격랑을 맞이한 19세기 동아시아, 근대화를 꿈꿨던 다섯 지성이 일으킨 변혁의 물결

19세기, 아편전쟁과 페리 내항을 비롯한 거센 외세의 압박은
쇠락하던 동아시아의 체제를 뒤흔들고 질서를 무너뜨렸다.

무너져 가는 조국의 현실에 각국의 지식인과 정치인은
새로운 사상과 체제, 문물의 도입을 통해 위기를 극복하고자 했다.

막부 말 유신의 불씨를 지핀 요시다 쇼인,
지식을 등불 삼아 근대 문명을 비춘 후쿠자와 유키치,
사상의 전환으로 망국의 위기를 벗어나고자 한 량치차오,
천년 제국의 사슬을 끊고 공화의 새벽을 연 쑨원,
군벌의 혼돈 속에 붉은 혁명의 씨앗을 뿌린 리다자오.

사상의 혁신을 통해 국가와 민족을 새로이 세우고,
실천을 통해 선진적 체제와 부강한 국민을 꿈꾸었던
다섯 사상가는 조국의 자주적 발전과 근대화의 초석이 됐다.

그들이 동아시아 전체에 일으킨 변혁의 파도는
근대화의 물결이 되어 동아시아를 뒤덮었고,
부강한 동아시아의 단단한 뿌리로 깊은 흔적을 남겼다.

KB207169

변혁의 물결

일러두기

1. 본문에서 필자가 첨언한 내용은 대괄호로 구분했으며, 설명이 필요한 내용은 주석으로 보충했습니다.
2. 참조한 자료는 참고문헌으로 정리했습니다.

시대정신으로 읽는 지성사
역사의 시그니처 05

♪ 05

변혁의
물결

근대화를 향한
동아시아의 도전

정지호
지음

21세기북스

변혁의 시대, 동아시아를 이끈 다섯 지식인의 분투

19세기 말에서 20세기 초, 근대 동아시아는 거대한 변혁의 물결 속에서 중대한 역사적 전환기를 맞이하고 있었다. 서구 열강의 세력이 급속히 팽창하면서 그 영향력이 아시아 전역으로 퍼져 나가자, 전통적인 정치체제와 사회질서를 유지하던 동아시아 국가들은 생존과 번영을 위해 새로운 길을 모색할 수밖에 없었다. 이 시기는 전통적 질서를 근본적으로 재검토하고 새로운 이념과 사상으로 사회를 재구성하려는 강력한 움직임이 일어난 때였다.

동아시아의 근대는 흔히 새로운 것을 건설해 나갔다는 적극적 의미보다는, 전통사회가 해체되고 제국주의 열강이 지배하는 세계체제에 편입됐다는 소극적 의미로 이해되어 왔다. 이와 달리, 동아시아 근대를 외부의 유입이 아닌 내재적 발전의 결과로 봐야 한다는 주장도 있지만, 19세기 후반에 서구 사상의 영향을 받은 변화가 뚜렷하게 증가한 사실은 부인할 수 없다.

동아시아의 근대는 19세기의 경험을 통해 유사성의 확대 경향이 다양성을 능가해 갔던 시대라고 할 수 있다. 유사성의 확대라는 말이 동아시아의 근대가 획일적인 방향으로 나아갔다는 뜻은 아니다. 다시 말해, 독특하면서도 닮은꼴로 나아갔다고 하는 것인데, 이는 각국의 전통과 19세기 근대를 맞이한 역사적 과정의 차이에서 비롯된 것이다.

19세기 말, 동아시아는 급변하는 세계적 흐름 속에서 외세의 압박과 기존 체제의 한계를 절감했고, 이에 따라 자주적 발전을 위한 근대화와 변혁이 절실하게 필요했다. 전통적 관습과 서구 문물의 충돌 속에서, 동아시아의 개혁적 지식인들은 새로운 비전으로 국가를 재편하고 사람들에게 새로운 자각을 일깨우고자 했다. 이러한 시기, 일본의 요시다 쇼인(吉田松陰)과 후쿠자와 유키치(福澤諭吉)는 일본의 근대화를 도모해서 서구 열강에 맞서는 강력한 국가를 꿈꿨고, 량치차오(梁啓超)와 쑨원(孫文) 역시 천하관에서 벗어나 근대 국민국가로서의 중국의 재탄생을 주장했다. 나아가 리다자오(李大釗)는 사회주의 혁명을 통해 신중국의 미래에 대한 새로운 길을 개척하고자 했다. 이 책은 다섯 명의 개혁적 지식인들이 역사적 전환점에서, 어떻게 시대적 위기를 극복하고 새로운 문명에 대한 해답을 추구해 나갔는지 살피고 있다. 이들은 동아시아의 변혁을 이끈 선구자들로 그들의 삶과 신념은 동아시아의 역사에 깊은 흔적을 남겼다.

제일 먼저 살펴볼 요시다 쇼인은 서구 열강의 침략적 압박에 대응해 서구의 군사적 기술을 받아들일 것을 주장했다. 그의 사상은 일본 국민이 천황을 중심으로 일체가 되어 강력한 결속을 이루어야 한다는 '존왕양이(尊王攘夷)' 사상에 바탕을 두고 있다. 그는 일본을 천황을 중심으로 한 신성한 나라로 정의했으며, 모든 국민이 천황에 대한 충성과 국가를 위한 봉사를 통해 신성한 국가 체제를 수호해야 한다고 보았다.

또한, 요시다는 일본이 주변 국가들을 아우르기 위한 대외 진출을 주장했다. 그의 '정한론(征韓論)'은 일본이 조선을 복속시키고 아시아 전역으로 영향력을 확대해야 한다는 주장을 담고 있다. 이러한 그의 사상과 교육은 젊은 세대에게 강력한 사명감을 심어주었고, 메이지 유신의 정신적 기반이 됐다. 그가 남긴 사상과 희생이 이후 일본이 근대국가로 도약하는 데 중요한 토대를 제공한 것이다. 본서에서 그를 일본 근대화의 정신적 지주로 소개한 이유도 바로 여기에 있다.

후쿠자와 유키치는 서구 문물 수용을 통해 일본이 문명화된 강국으로 발전해야 할 것을 주창해 일본 사회에 커다란 영향을 미친 인물이다. 문명론자이자 교육자로서 그가 남긴 저술과 활동은 근대 일본의 사상적 기초를 닦았다.

후쿠자와는 서구 문명을 단순히 외형적으로 모방하는 것이 아닌, 그 정신을 받아들이는 방식으로 일본의 독립적 발전을 이루어야 한다고 주장했다. 그는 일본이 외형적인 근대화만을 추구할 경우에는 진정한 문명을 이룰 수 없으며, 일본 국민의 정신이 자유와 독립의 기풍을 수용해야만 본질적인 근대화를 이룰 수 있다고 보았다. 이러한 관점에서 후쿠자와는 서양의 정치적 가치와 개방적인 사고방식을 일본 사회에 이식해야 한다고 강조했다.

그는 문명론을 통해 일본이 서구와 같은 문명국으로서

대등한 지위를 확보해야 한다고 주장했으며, 이는 일본이 아시아의 이웃 국가들과 보조를 맞출 필요 없이 서구 문명국들과 질서와 방향성을 공유해야 한다는 사상으로 발전했다. 이러한 사상은 메이지 일본 사회에 큰 영향을 미쳤고, 일본의 근대화, 문명화 과정의 중요한 이정표가 됐다.

중국의 량치차오는 전통 유교적 질서를 존중하면서도, 서구의 학문과 제도를 적극적으로 수용해 자주적인 근대화를 이룩해야 한다고 주장한 근대 중국의 개혁론자이다. 그는 중국이 자강과 부국강병을 이루기 위해서는 기존의 유교적 전통에 안주해서는 안 되며, 서양의 학문과 제도를 적극적으로 수용해야 한다고 주장했다.

그는 중국이 서구와 마찬가지로 강력한 민족국가, 나아가 '민족제국주의국가'로 거듭나기 위해서는 전통적인 왕조 중심의 역사관에서 벗어나야 한다며, '중국사'라는 개념을 제안했고, 국가가 국민을 주체로 하는 통합된 역사와 정체성을 가져야 한다고 역설했다. 서구 열강이 민족국가를 중심으로 강력한 발전을 이루어 온 것에 주목해, 중국 역시 국가적 정체성과 민족적 일체감을 확립해야 한다는 것이다. 이러한 민족주의 사상은 량치차오가 제안한 '중화민족'

이라는 개념에 잘 나타나 있다. 이는 단순히 한족을 중심으로 한 민족주의가 아닌 만주족을 비롯한 다양한 민족을 포괄하는 개념이었다.

량치차오는 중국이 이러한 민족의식을 바탕으로 국민경제를 발전시키고 독립적인 경제체제를 구축해 서구 열강과 경쟁할 수 있는 강력한 국가로 나아가야 할 것을 주창했다. 그의 개혁 정신은 20세기 초 중국의 사회와 정치적 변화를 이끄는 중요한 원동력이 됐다. 량치차오의 저술과 사상은 중국의 젊은 세대에게 새로운 시각을 제시해 국가의 자주적 발전에 대한 갈망을 심어줬으며, 동시대 지식인들에게도 깊은 영감을 줬다.

쑨원은 '삼민주의'를 통해 민족의 독립, 국민의 권리, 그리고 국민의 생계를 담보하는 사회적 개혁을 제안했다. 삼민주의는 민족주의, 민권주의, 민생주의라는 세 가지 기초 위에 세워졌으며, 이를 통해 중국이 자유롭고 평등한 공화국으로 거듭나야 한다는 것이 쑨원의 주장이었다. 그는 특히 중국의 독립과 자강을 위해 '오족공화'의 기치를 내걸고 중국 내 한족을 중심으로 소수 민족을 포함하는 통합된 국가를 지향했다. 또한 민생주의를 통해 빈부격차를 해소하고 독점 자본의 횡포를 방지해, 국민 모두가 고르게 번영할 수 있는 사회를 구축하려 했다.

쑨원의 삼민주의 사상은 이후 국민당과 중국의 혁명운동에 깊은 영향을 미쳤다. 쑨원은 아시아가 서구 제국주의의 압박에서 벗어나기 위해서는 동아시아 국가들이 연대해야 한다는 대아시아주의를 주장했다. 그는 아시아 국가들이 서양의 침략을 막기 위해 도덕과 인의를 바탕으로 단결해야 한다고 보았으며, 중국이 동양의 가치를 지키고 아시아의 평화를 수호하는 중심 역할을 해야 한다고 호소했다. 생애 마지막까지 중국의 자유와 평등을 위한 혁명과 국민화합을 위해 노력한 쑨원의 삶은 그를 '중국 혁명의 아버지'라고 기억하기에 충분한 것이었다.

리다자오는 중국 마르크스주의 혁명의 선구자로, 사회변혁을 통해 민중이 주체가 되는 새로운 중국을 추구한 인물이다. 그는 사회주의야말로 중국이 서구 열강에 의존하지 않고 자주적으로 자립할 수 있는 유일한 길이라고 확신했다. 리다자오는 마르크스주의를 연구하고, 이를 중국의 현실에 맞게 변형했으며, 이러한 그의 사상과 혁명 정신은 이후 중국 사회주의 운동의 중요한 밑거름이 됐다.

리다자오의 사상은 사회적 문제와 이상적 주의의 중요성을 강조하는 동시에, 경제 구조와 인간 정신을 동시에 개혁해야 한다는 물심양면의 변혁론을 핵심으로 한다. 이는 마르크스주의와 인도주의가 결합한 그의 독자적 관점을 보여주는 것이다.

그는 나아가 중국의 계급 갈등을 제국주의 열강과 피압박 민족 간의 갈등으로 확장해, 중국 혁명을 세계 혁명의 일부로 바라보았다. 그는 현재주의적 역사관을 바탕으로 과거의 역사를 새롭게 해석하고 미래를 창조하기 위한 주체적 역량을 갖추어야 한다고 강조했으며, 이를 통해 민중이 자각하고 스스로 변혁의 주체가 되어야 한다고 역설했다.

이 책은 동아시아의 근대화와 그 과정에서 일어난 사상적 전환과 각국의 자주적 발전을 모색하며 치열하게 싸워나간 인물들의 이야기를 조명한다. 이 인물들은 단순한 국가의 개혁을 넘어서, 새로운 사상과 비전을 통해 동아시아가 자주적이고 독립된 국가로서 세계 무대로 나아가야 한다는 강력한 신념을 품었다. 이들이 남긴 유산은 동아시아의 근대화와 발전에 큰 초석이 됐으며, 그들의 개혁 정신과 이상은 오늘날까지도 중요한 교훈으로 남아있다.

오늘날 우리는 또 하나의 전환기를 살아가고 있다. 인공지능을 비롯한 첨단기술의 비약적 발전, 기후위기, 미중 간 전략 경쟁과 우크라이나 전쟁 등 국제 질서의 급격한 변화는 인간 존재의 의미와 사회 구조의 기반을 크게 흔들고 있다. 이러한 격변의 시대에, 19세기 말에서 20세기 초 동아시아의 지식인들이 직면했던 문명 전환기의 고뇌는 지금의 우리에게도 깊은 울림을 전한다. 그들은 낡은 질서를 넘어 새로운 사유를 모색하며, 문명의 방향성과 인간의 존엄, 공동체의 미래에 대해 본질적인 질문을 던졌다.

이 책은 단지 과거의 인물을 되새기는 데 그치지 않는다. 그들이 남긴 사유와 실천은 오늘날의 위기를 넘어설 단초를 찾는 데 여전히 유의미한 통찰을 제공한다. 변화의 기로에 선 지금, 이 책은 사상과 역사 속에서 위기를 돌파할 지적 자원을 재발견하고자 하는 시도이기도 하다. 각자의 방식으로 독립과 자강을 추구했던 동아시아 지식인들의 유산은, 여전히 이 지역이 직면한 복합적 도전에 응전할 사상적 자양분이 된다.

끝으로, 이 책의 집필 과정에서 여러 연구자들로부터 많은 도움을 받았으나, 책의 사정상 일일이 언급하지 못하는 점 너그러이 양해해 주시길 바란다. 특히 원고의 방향을 정립하고 완성도를 높이는 데 애써주신 21세기북스 양으녕, 서진교 편집자님을 비롯한 관계자 여러분께 깊이 감사드린다.

아무쪼록 이 책이 19세기 말과 20세기 초라는 격동의 시대를 성찰하는 데 그치지 않고, 우리가 마주한 당대의 과제를 사유하고 실천할 실마리를 찾는 데 조금이나마 보탬이 되기를 바란다. 부족한 점에 대해서는 독자 여러분의 너그러운 비판과 조언을 부탁드린다.

2025년 05월 21일
고황산 연구실에서
정지호 씀

차례

PART 1

요시다 쇼인

일본근대화의
정신적 지주

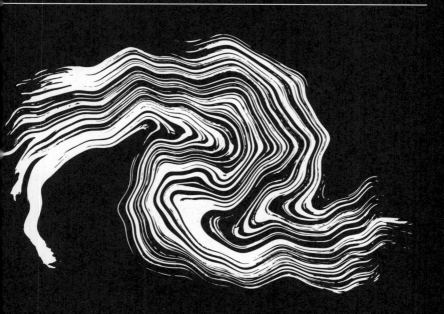

요시다 쇼인 吉田松陰 1830~1859

　　조슈(長州)번의 하급 무사 출신으로 에도(江戶)시대 말기 존왕양이 사상을 전파하며 메이지 유신(明治維新)의 사상적 기반을 마련한 인물이다.

　　그는 스기 유리노스케(杉百合之助)의 차남으로 태어났으나, 1834년 야마가류(山鹿流) 병학사범(兵學師範)인 숙부 요시다(吉田) 집안의 양자가 됐다. 이후 번의 교육기관인 명륜관(明倫館)을 거쳐 전국을 다니면서 유학했으며, 당시 최고의 서양 병법가인 사쿠마 쇼잔(佐久間象山)에게서 학문을 배웠다.

　　서양의 학문과 기술을 직접 배우고자 1854년 시모다항(下田港)에 정박 중인 포하탄(Pawhatan)호를 타고 밀항을 기도했지만, 거부당하고 조슈로 송환되어 노야마옥(野山獄)에 투옥됐다. 이듬해 풀려나 고향집에서 유수(幽囚)의 몸이 됐으나, 쇼카손쥬쿠(松下村塾)에서 약 2년간 다카스키 신사쿠(高杉晋作), 이토 히로부미(伊藤博文), 야마가타 아리토모(山縣有朋) 등 메이지 유신의 주역이 되는 많은 인재를 길러냈다. 1859년 안세이 대옥(安政の大獄)에 의해 에도에서 처형됐다.

　　요시다 쇼인의 교육과 사상은 메이지 유신의 지도자들에게 커다란 영향을 미쳐, 일본 근대 사조의 형성과 발전의 중요한 초석이 됐다.

평화를 위해 전쟁을 준비하라

손자병법과
병학

무릇 신주(神州)〔일본〕는…
상산의 뱀 형세가 아니겠는가?
머리가 덤벼들고 꼬리가 덤벼드니
어찌 그 술책이 없겠는가?

– 『유수록』

요시다 쇼인은 1830년 조슈번[현 야마구치현]의 하급 무사 스기 유리노스케(杉百合之助)의 차남으로 태어났다. 아명은 도라노스케(虎之助)이며, 자는 기케이(義卿), 쇼인은 그의 호이다. 니주잇카이모시(二十一回猛士)라고도 하는데, 일반적으로 도라지로(寅次郎)라고 불렸다. 쇼인에게는 다른 집안에 양자로 가서 가업을 이은 요시다 다이스케(吉田大助)와 다마기 분노신(玉木文之進)이라는 두 명의 숙부가 있었는데, 5세인 1834년, 요시다 다이스케의 양자가 됐다.

　요시다 집안은 대대로 야마가류(山鹿流) 병학사범을 담당한 가문이었다. 다이스케가 급사하자 쇼인은 6세에 가업을 계승해 번의 공립교육기관인 명륜관의 병학사범을 맡게 됐다. 야마가류란 에도시대 초기 저명한 주자학자인 하야시 라잔(林羅山)에 입문해서 한학교육을 받았던 야마가 소코(山鹿素行)가 창시한 병학의 일파로, 전법학에 유학의 정신을 결합해 무사의 일상적인 마음가짐이나 도덕 등을 무사도(武士道)로 체계화해서 교육화한 것이다. 이를 바탕으로 에도시대 사농공상의 정점에 선 무사에게 도덕적 지도자로서의 정신 수양을 중시한 무사도를 제창했다.

　쇼인은 또다른 숙부인 다마기 분노신이 연 쇼카손주큐

(松下村塾)에서 병학 교육을 받았다. 다마기 분노신의 엄격한 교육 속에서 성장한 쇼인은 11세 때 번주 모리 다카치카(毛利敬親) 앞에서 야마가류 병학에 대한 시범 강의를 진행할 정도로 천재적 자질을 드러냈다고 한다. 19세가 된 쇼인은 분노신의 품을 떠나 명륜관의 독립사범으로 취임했고, 21세인 1850년에는 보다 더 학식과 견문을 넓히기 위해 번의 허락하에 큐슈 지역에 유학했다.

이 시기 그는 야마가 소코의 직계 후손인 야마가 만스케(山鹿萬介)를 만나 병학을 직접 배웠으며, 쿠마모토 번(熊本藩)의 명사 미야베 데조우(宮部鼎蔵)를 만나 국가의 방위에 대해 의견을 교환하기도 했다. 나가사키(長崎)에서는 아편전쟁의 패배를 기록한 웨이위안(魏源)의 『성무기부록(聖武記附錄)』을 읽었다. 웨이위안은 린쩌쉬(林則徐)의 『사주지(四洲志)』를 기본으로 해서 중국 최초의 세계 문명 지리서라고 할 수 있는 『해국도지(海國圖志)』를 편찬한 인물로 잘 알려져 있는데, 『성무기부록(聖武記附錄)』은 아편전쟁을 교훈으로 해서 서양에 대항하기 위한 군사적 방책을 저술한 것이다. 쇼인은 이 시기의 경험을 기록한 『서유일기(西遊日記)』에서 "무릇 외이(外夷)를 제압하기 위해서는 반드시 먼저 외이의 사정을 통찰해야 한다"는 웨이위안의 의견에 찬동을 보냈다.

이듬해인 1851년 3월 쇼인은 에도(江戶)에 유학해서 사상가이자 병법가로 저명한 사쿠마 쇼잔(佐久間象山)을 만나 병학과 난학을 배웠다. 그해 12월 미야베 데조우 등과 함께 동북 지역 여행을 계획하지만, 번으로부터 통행허가증이 좀처럼 내려 나오지 않자 "친구와의 약속을 어길 수 없다"라며 당시 중죄에 해당하는 탈번을 단행했다. 탈번으로 인해 번 무사의 자격을 박탈당했으나, 그의 재능을 아까워한 번주의 특별 허가를 받아 다시 에도에서 사쿠마 쇼잔에게 학문을 배울 수 있었다.

쇼잔은 쇼인의 병학에 커다란 영향을 미친 인물이다. 당시 열강에 비해 일본의 군사력은 매우 뒤처진 상황이었다. 쇼잔은 이를 만회하기 위해 해안에 포대를 구축해야 하고, 서양식 대포를 제조해서 전국 번에 배치해야 하며, 서양식 군함을 건조해 해군을 훈련하고 해양을 엄중하게 방비해야 한다는 등, 해방(海防)에 관해 다양한 건의를 하고 있었다. 그는 실제로 자신이 섬기던 마쓰시로번(松代藩)에서 대포를 제작하고 시험 발사에 성공해 사쓰마(薩摩)나 조슈 등

22

웅번[에도시대에 세력이 강했던 번]으로부터 제작 의뢰가 들어올 정도였다고 한다.

쇼잔의 가르침 하에서 서양 병학을 배운 쇼인은 이미 후기 미토학의 영향을 받아 일본의 전통을 중시하는 국수주의적 경향을 띄면서도, 군사에 관해서는 서양의 대포와 군함을 구비하지 않으면 서양에 맞설 수 없다는 생각을 확신하게 됐다.

한편, 에도에서 쇼인은 야마가류 병학의 대가인 야마가 소수이(山鹿素水)에게서도 병학을 배웠다. 이미 언급했듯이 야마가류 병학의 개조는 야마가 소코인데, 소코 병학의 핵심 사상은 바로 『손자병법』이다. 쇼인은 소코의 대표작인 『무교전서(武教全書)』를 강의한 『무교전서강장(武教全書講章)』에서 "『무교전서』는 손자의 군형(軍形)과 병세(兵勢) 등 편을 취해서 완전한 승리를 쟁취할 수 있는 전법을 구사한 것이다"라고 언급한다. 소코는 "적을 알고 자신을 알면 백 번 싸워도 위태로울 것이 없다", "싸우지 않고 이기는 것이 가장 좋다", "먼저 승리하고 나서 후에 전쟁을 한다"는 등의 손자병법에 나온 명언을 생애를 통해 실천했다는 평가를 받는다.

손자(孫子)가 말하길 "솔연(率然)은 상산(常山)에 있는 뱀의 이름인데, 이 뱀은 머리를 치면 꼬리로 덤벼들고 꼬리를 치면 머리로 덤벼들며, 허리를 치면 머리와 꼬리로 덤벼든다"라고 한다. 무릇 신주(神州)[일본을 신의 나라로 높여 부르는 말]는 도호쿠(東北)에서는 에조(蝦夷)[홋카이도 일대의 민족]가 일어나고, 도마뱀처럼 구불구불 서남쪽 끝자락에 쓰시마(対馬)·류큐(琉球)에 이르니 길이는 천리에 이르고 너비는 100리를 넘지 않는다. 이는 상산의 뱀 형세가 아니겠는가? 머리가 덤벼들고 꼬리가 덤벼드니 어찌 그 술책이 없겠는가?

－『유수록』

당시 미토학에서는 서양을 불의의 이적(夷狄)이라 규정하고 존왕양이 입장에서 배척하고자 했지만, 쇼인은 적에게 승리하기 위해서는 적을 알아야 한다는 손자병법에 따라 서양의 병학을 강구했다. 친형인 스기 우메타로(杉梅太郎)에 보낸 서한에서 "서양 병학에 대해 백분의 일도 아직 일본에 알려져 있지 않았다. 부디 뜻이 있는 식자들은 주력하여 이것을 알도록 노력해야 한다. 이것은 국가천하를 위한 큰 충(忠)이다"라고 언급한 것은 이를 잘 보여준다.

군사면에서 서양의 무기와 기기의 우월성을 인식하고 있던 쇼인은 서양 병학의 도입에 적극적이었다. 그는 페리 제독의 내항에 즈음해서 번주에 올린 상서 「장급사언(將及私言)」에서 다음과 같이 언급한다.

> 서양의 전법은 항상 이것을 실전에 응용하기 때문에 대포 일문, 총 한 자루의 논리가 지극히 정밀할 뿐만 아니라 싸움을 하는 전장에서 크게 그 능력을 발휘하게 된다. 따라서 대포나 소총 모두 서양의 기계와 제도를 본받아 날로 훈련을 쌓아야 한다. 오늘날과 같은 급박한 상황에서 머뭇거리고 의심할 여유가 없다.
>
> –「장급사언」

이와 같이, 쇼인은 후기 미토학의 영향을 받은 존왕양이론자였지만, 병학자로서는 사쿠마 쇼잔의 영향을 받아 서양 병학과 서양 무기의 우월성을 냉정하게 인정했다. 쇼인이 열강의 침입을 방어하는 데 특히 주목한 것은 군함이다. 그는 「외정론(外政論)」에서 해안 전체에 군대를 배치하는 것은 비용만 많이 들 뿐 유용한 수단은 아니므로 커다란 군함을 만들어 진취적인 위용을 떨칠 필요가 있다고 한다. 또, 다른 글에서는 서양의 군함 제조 기술을 한순간에 배울 수는 없겠지만, 당면의 급무로 우수한 인재를 해외에 파견해서 선박 제조와 구매를 양면적으로 시행할 필요가 있다고 제언한다. 덧붙여 그 자신이 스스로 러시아나 미국의 군함을 타고 서양에 나가려고 한 것도 바로 이러한 연유에서라고 한다. 마침내 쇼인은 1854년 제자 가네코 시게노스케(金子重之助)와 함께 '미일화친조약' 체결을 위해 시모다항(下田港)에 정박 중이던 포하탄(Pawhatan)호를 타고 도항을 시도했다. 하지만, 미국 측의 거부로 실패하게 됐고, 결국 조슈의 노야마옥(野山獄)에 투옥당했다.

정한론의
실체

조선을 질책해서
예전의 성세와 같이 공물을 바치게 한다.
북으로는 만주를 분할하고
남으로는 타이완과 루손 일대의 섬을 점거해
점차 진취적인 기상을 드러내야 한다.

– 『유수록』

요시다 쇼인은 노야마옥(野山獄)에 투옥되어 감옥 생활을 하던 중 도항의 동기와 그 사상적 배경을 담은 『유수록(幽囚錄)』을 저술했다. 이 『유수록』에서 그는 당시 일본이 취해야 할 대외정책에 대해 언급하고 있는데, 그중에서도 메이지 일본의 대조선 정책의 이론적 틀을 제공한 조선 침략을 주창한다. 이 논의는 일반적으로 '정한론의 원형'으로 알려져 있다.

쇼인은 에도막부 말기 문호개방을 요구하는 서양의 압박에 능동적으로 대처하지 못하는 막부의 무능함을 맹렬히 비판했다. 그는 『유수록』에서 예전 일본은 기세가 왕성해 주변 제국의 침입에도 단호하게 대처해 왔으나 "지금은 무릎을 꿇고 목을 내놓은 채 오랑캐가 멋대로 하게 내버려두고 있는 지경이다"라고 지적하며, "이렇게 국력이 쇠퇴한 적은 일찍이 없었다"라고 한탄한다. 그리고 이러한 난국을 타개하기 위해서는 우선 병법학교를 세워 근대식 총포술과 제식훈련을 가르치며, 외국어과를 설치해서 서구 제국의 서적을 연구할 필요가 있다고 말한다. 나아가 인재를 서구 열강에 파견해 그 나라의 학술을 배워 견문과 지식을 넓혀나갈 것을 강력하게 주장한다.

황국(일본)은 천하에 군림하며 태양의 후예로서 영원히 천지와 더불어 지극한 존재이다. … 태양은 떠오르지 않으면 기울어지고 달은 차지 않으면 이지러지며, 국가는 번영하지 않으면 쇠퇴해진다. … 지금 서둘러서 군비를 정비해서 군함과 포대를 갖추고 나면 즉시 에조(蝦夷)[홋카이도 북부의 민족]를 개척해서 제후를 봉건하고 캄차카와 오오츠크를 차지하며, 류큐(琉球)[오키나와 일대의 왕국]를 설득해서 내부 제후와 마찬가지로 조정에 알현하게 하며, 조선을 질책해서 예전의 성세와 같이 공물을 바치게 한다. 북으로는 만주를 분할하고 남으로는 타이완과 루손[필리핀] 일대의 섬을 점거해 점차 진취적인 기상을 드러내야 한다.

— 『유수록』

쇼인은 서양의 병학을 적극적으로 수용해서 서양과 마찬가지로 군함과 포대를 갖추고 군사적 기술과 제도가 정비되면, 홋카이도를 비롯해 캄차카와 오호츠크를 탈취하고 류큐를 일본으로 편입시키고 나아가 조선과 만주, 타이완과 필리핀 등 주변 제국을 정벌해 예전 일본의 영화를 되찾기 위한 진취적인 기상을 드러내야 한다고 주장한다. 여기에서 흥미로운 부분은 조선을 정벌해서 예전 성세와 같이 조공을 바치게 한다는 것이다. 한국에서 요시다 쇼인을 '일본 침략 전쟁의 뿌리', '정한론의 선구자'로 인식하고 있는 것은 바로 이러한 주장을 근거로 한다. 쇼인의 주장은 단지 실체가 없는 한낱 서생의 공담에 지나지 않는다는 평가도 있으나, 병학적 관점에서 구체적으로 제기된 것이라고 할 수 있다.

주지하듯이 에도시대 일본은 '쇄국'의 시대로 알려졌으나, 네덜란드, 청나라와는 활발한 통상교역을 했으며, 조선과는 통상뿐만 아니라 정식으로 외교관계를 체결한 이른바 '통신(通信)의 국'으로 200여 년간 선린우호 관계를 유지해 왔다. 조선통신사는 총 12차례 파견되어 양국의 지적 교류를 증진하는 데 크게 기여했지만, 1811년 막부의 재정적 어려움으로 인해 통신사 일행이 쓰시마(對馬島)에서 국서를 교환하는 것을 끝으로 막을 내렸다.

이후 1850년대에 이르러 일본은 유럽의 내항과 더불어 막부의 권위가 떨어지면서 천황을 중심으로 중앙집권국가를 만들고자 하는 이른바 '존왕양이' 사상이 유행하게 된다. 존왕양이 사상의 배경에는 국학(國學)이 있다. 이는『일본서기(日本書紀)』와『고사기(古事記)』의 세계로, 천황을 중심으로 해서 일본의 부흥을 도모하고자 하는 움직임이었다. 일본의 고대국가는 한반도의 영향을 받아 형성됐다고 하는 것이 일반적이지만, 이 국학의 세계에서는『일본서기』와『고사기』를 근거로 해서 백제, 신라, 고구려 삼국이 일본의 천황가를 받들어 공물을 바치고 신하국으로 예속하고 있었다고 주장한다.

쇼인 역시『유수록』에서 수닌천황(垂仁天皇) 3년[기원전 26년] 신라의 왕자 아메노히보코(天日槍)가 일본에 귀화하러 왔다는 사실 등을 예로 들며 진구황후(神功皇后) 이전에도 한반도와 관계가 있었다고 한다. 그리고 진구황후가 몸소 신라 원정에 나서 항복시켰는데, 당시 고구려와 백제도 일본에 신하로 복속해 일본 조정에 공물을 바쳤으며, 이후에도 지속적으로 신라와 백제, 고구려는 일본 조정에 공물을 바쳤다고 말한다. 또, 임나(任那)에는 일본의 식민지가 있어 군사기지를 설치해 통치하면서 삼한의 동정을 살피고 자유로운 행동을 통제했다고 언급한다. 이러한 내용은『일본서기』의 기록에 의거한 것으로, 그 내용의 진위 여부에 대해서는 논란의 여지가 많지만, 쇼인은 이 시기처럼 조선을 질책해 공물을 바치게 해야 한다고 주장한다.

쇼인은 『유수록』에서 "조선과 만주는 서로 연결되어 있으며 신주(神州)[일본]의 서북에 위치하며 또한 모두 바다를 사이로 가깝게 있다. 그런데 조선의 경우 예전에는 우리에게 신속(臣屬)했는데, 지금은 다소 교만해져 있으니 무엇보다도 세세하게 풍습을 교화시켜 이를 회복해야만 한다"라고 하면서 "조선을 질책해서 예전의 성세와 같이 공물을 바치게" 해야 한다고 주장한다. 즉 진구황후 시기에 했던 복속 행위를 다시 해야 한다는 말이다. 또한 조선이 "예전에는 우리에게 신속(臣屬)했는데, 지금은 다소 교만해져 있다"는 주장의 저변에는 일본이 조선에 대해 상국이라는 의식을 가지고 있는 것이며, 그럼에도 조선과 동등한 외교를 했던 에도막부를 질책하는 것이기도 하다.

한편, 쇼인은 1855년 친형인 스기 우메타로(杉梅太郎)에게 보낸 서신에서 러시아와 미국 등 서양 열강과의 조약을 준수해 신의를 두텁게 하면서 국력을 배양해서 손쉬운 상대인 조선과 만주, 청나라를 굴복시켜 러시아와 미국과의 교역으로 손실된 부분을 조선과 만주의 토지로 보충해야 한다고 언급한 바 있다. 서양 열강으로부터의 손실을 조선 등을 침략해서 보완한다는 것이다. 또한, 1856년에 발표한 「외정론(外政論)」에서 "커다란 군함을 만들어 북으로는 아이누를 치고 서로는 조선을 항복시켜 진취적인 위용을 떨칠 것"을 주문하고 이어서 다음과 같이 언급한다.

> 삼한(三韓) · 임나(任那)가 지형상으로는 서로 연결되어 있지 않으나, 그 형세가 대치되어 있어 우리가 가지 않으면 그들이 반드시 올 것이며, 우리가 공격하지 않으면 그들이 반드시 습격할 것이므로, 장차 예측할 수 없는 걱정거리를 안고 있는 셈이다. 이것은 합치될 수밖에 없는 것이다.
>
> -「외정론」

여기에서 쇼인은 서양 열강의 침략을 방어하기 위해서는 아이누와 조선을 정벌해서 위용을 드러내고 아울러 군사적 위험에서 벗어나기 위해 서양에 앞서 조선을 정벌해야 한다는 뜻을 내비치고 있다. 그는 또한 제자인 기도 다카요시(木戸孝允)에 보낸 서한에서 "조선 만주에 임하려고 하면 우선 첫 번째 발판은 다케시마(竹島)[울릉도][1]이다"라고 하고 "조선에 대해서 말하면 지금 다케시마가 무인도가 된 것은 무익하기에 우리가 개간하겠다고 하면 이론은 없을 것이다. … 개간의 이름하에 도해하면 즉 그것이 첫 번째 항해 응략이 될 수 있다"라고 하며 조선 침략의 발판으로 울릉도를 공략해야 한다고 말한다. 실제로 쇼인은 서구 열강이 울릉도를 공략한다는 정보를 입수하고 그것이 조슈번에게는 직접적인 위험이 될 수 있기 때문에 서양보다 먼저 울릉도를 공략해야 한다고 주장한 것이다.

서양보다 선수를 치는 것, 처음부터 이기는 공산이 서는 상대를 공략하는 것 등은 손자병법에 입각한 병학적 발상에서 나온 전략이라 평가해 볼 수 있으며, 나아가 쇼인의 정한론은 단지 일개 서생의 공담이 아닌 일본의 부국강병을 위한 실체로 제기됐으며, 또한 체계적이었다고 할 수 있다. 이 정한론은 이후 그의 제자인 기도 다카요시, 이토 히로부미(伊藤博文) 등으로 이어져 실행에 옮겨진다.

맹자의 성선설과
학문의 목적

모두 나라를 위해 몸을 던져
이적을 소탕하고자 하는 움직임이 없는 것은
왜 그러한가?
그들의 지혜가
백성에 미치지 못하기 때문이 아니다.
백성들은 자신들의 성선을 다할 뿐이나
쇼군, 다이묘… 등은 형기의 욕망 때문에
성선이 가리워져 있기 때문이다.

-『강맹여화』

요시다 쇼인은 노야마옥에서 감옥 생활을 하면서 다량의 책을 읽으며 학문을 탐구했지만, 그 중에서도 특히 『맹자』에 심취했다. 쇼인은 『맹자』의 대표적 학설인 성선설을 절대적으로 신뢰했다. 그는 『맹자』에 대한 감상이나 비평, 그리고 의견을 정리한 『강맹차기(講孟箚記)』[후에 『강맹여화(講孟餘話)』로 개명] 「고자(告子)」 상편에서 맹자의 학문은 성선(性善)을 근본으로 한다고 전제하고 사단(四端)설, 유자입정(孺子入井)설 등은 바로 성선을 말해주는 것으로 "진실로 성선을 받아들인다면 이로부터 함양해서 덕을 이룰 수 있다"라고 한다. 그에 따르면 인간의 본성은 천리이며 천리는 악함이 없기 때문에 인간의 본성 역시 악함이 없다는 점에서 성선을 받아들여야 한다는 것이다.

인간의 본성이 모두 선하다는 점에서 쇼인은 신분이나 성별에 따른 차별 없이 누구나 인격의 가능성이 있다는 것을 인정했다. 그가 감옥에서 동료 죄수들에게 『맹자』를 강론한 것이나 감옥에서 나와 유수(幽囚)의 몸으로 쇼카손주쿠(松下村塾)의 문인을 가르칠 때에 귀천의 차별 없이 누구나 입문을 허락했던 것도 모두를 성선을 내포하는 평등한 인격체로 인식하고 있었기 때문으로 평가되고 있다.

이를 잘 보여주는 사례로 쇼인의 저서 『토적시말(討賊始末)』에는 흥미로운 일화가 소개되어 있다. 에도시대는 엄격한 신분제 사회로 사농공상 외에 천민 신분이 존재했다. 당시 조슈 지역의 미야반(宮番)[신사 파수군]은 매우 낮은 신분으로 천시됐는데, 미야반의 아내 도와(登波)가 아버지와 남편을 해친 원수를 갚는 사건이 발생했다.

에도시대 말기, 무사계급 간에도 원수를 갚는 이른바 가다키 우치(敵討)가 드물던 시절, 일개 천민의 아내가 원수를 찾아 10여년에 걸쳐 일본 전국을 찾아다니다가 마침내 원수를 갚았다는 것이다. 이 사건을 접한 쇼인은 흥미를 느껴 도와를 불러 사건의 전모를 들은 후 이 글을 쓰게 됐다. 이렇게 일반 백성도 접하기 꺼려하는 천민에 대해 쇼인은 아무런 차별을 하지 않았다는 점에서 쇼인은 에도시대 말기 진정한 휴머니스트로 평가받는다.

지금 하나의 정의를 행한다고 생각해 보자. 최초로 정의를 행하고자 하는 마음이 바로 성선(性善)이다. 그러나 이어서 명예와 이로움, 또는 안락함을 추구하는 마음이 솟아오르는데, 이것들은 모두 형기(形氣)에서 나

오는 욕망이다. 형기에서 나오는 욕망을 제거해서 성
선의 근본을 함양한다면 어떠한 정의도 반드시 행할
수 있다. … 지금 어느 백성이라고 해도 이적(夷狄)에
게 능멸을 당하면 울분에 차서 절치부심할 것이다. 이
것이 성선이다. 그렇지만 위풍당당한 세이다이쇼군
(征夷大將軍)에서부터 열국의 다이묘(大名)…에 이르기
까지 모두 나라를 위해 몸을 던져 이적을 소탕하고자
하는 움직임이 없는 것은 왜 그러한가? 그들의 지혜가
백성에 미치지 못하기 때문이 아니다. 백성들은 자신
들의 성선을 다할 뿐이나 쇼군, 다이묘… 등은 형기의
욕망 때문에 성선이 가리워져 있기 때문이다.

-『강맹여화』

그런데, 여기에서 주의해야 할 점은 사료에서 알 수 있듯
이 쇼인이 생각하는 성선은 단지 관념적인 것이 아니라 정
의로운 것이며, 자신의 이해에 얽매이지 않고 국가를 위해
충성할 수 있는 이른바, 충성론과의 연결 속에서 논해지고
있다는 것이다. 즉, 쇼인의 성선은 구미 열강의 침략에 대
해서 국가의 장래를 염려하는 것으로 국가를 위해서는 자

신의 안위를 돌보지 않고 한 몸을 던지는 것을 의미한다. 따라서 자신의 안녕부귀에 매달려 국가를 위해 헌신하지 못하는 것은 결국 정의롭지 못한 일로 악한 행위이다. 여기에서 선악의 개념은 국가에 대해 헌신적으로 충성할 수 있는가의 여부에 달려있다. 그의 사상이 국가주의적 측면을 강하게 내포하고 있다는 증거이기도 하다. 이러한 점은 그의 배움에 대한 자세에서도 잘 드러난다.

> 지금 사대부나 학문에 힘쓰는 자들의 목표를 논한다면 명예를 얻거나 관직을 얻으려는데 지나지 않는다. 이는 공효(功效)를 주로 하는 것으로 의리(義利)를 주로 것과는 다르다. … 아! 세상의 독서인은 많지만 진정한 학자가 없는 것은 학문에 입문할 때 처음 생각한 의지가 잘못되어서이다
>
> - 『강맹여화』

학문의 목적은 개인의 영달을 위해서가 아니라 의리를 주로 해야 하는데, 이는 바로 개인의 욕망에 사로잡혀 인간 본래의 성선을 발휘하지 못하는 당시의 세태를 비판하는

것으로 일본인으로서 일본이라는 국가를 위해 충성을 다하지 않는 것에 대한 문제 제기이기도 하다. 이러한 쇼인의 사상은 다음에서 이보다 잘 드러난다.

신주(神州)[일본]의 땅에서 태어나 황실의 은혜를 입으면서, 안으로는 군신의 의를 잃어버리고 밖으로는 화이(華夷)의 구별을 잃어버린다면, 즉 배움이 배움다운 연유와 사람이 사람다운 연유가 어디에 있겠는가!

－『병진유실문고』

즉, 일본인으로 태어난 이상 군신의 의[존왕]를 알고 화이의 구별[양이]을 알아야 하는데, 사람이 배우는 목적은 바로 이 '존왕양이'를 실천하기 위해서라는 것이다. 쇼인은 쇼카손쥬쿠에서 문인을 교육할 때, 기본적으로 성선설에 입각해서 사농공상 신분의 귀천에 관계없이 원하는 사람은 누구나 문인으로 받아들였다. 그는 모든 사람은 "현우(賢愚)의 구별은 있어도 한두 재능이 없는 사람은 없기 때문에 이들을 교육해서 힘을 모으면 대 사업을 달성할 수 있다"라고 주장했다. 그러나 모든 사람을 신분의 귀천에 관계없이 동등하게 생각하는 것은 바로 모든 사람이 황국의 신민, 천황이라는 절대자의 신민이라는 것을 전제로 한다.

쇼인은 페리 내항 직후 조슈번에 올린 「장급사언(將及私言)」에서 "천하는 천하의 천하이다"라는 유교적 가치관에 대해 "천하는 한 사람의 천하로서 천조의 천하이다"라고 해서 일본은 중국과는 달리 황국의 나라로 "최고의 위덕을 겸비한 천황의 존엄은 고금을 통해 변하지 않았다"라고 언급했다. 이는 후에 등장하는 메이지제국헌법에 보이는 만세일계론과 맥을 같이하는 것으로 절대적 존재인 천황에게 충성하는 모든 신민은 동등한 자격을 갖추고 있다는 말과 같다. 따라서 그는 "황국의 신민이 된 자는 누구나 그 재능에 따라서 황국을 위해 진력해야 할 것이다"라는 입장에서 존왕양이를 위해서는 신분의 귀천에 관계없이 널리 인재를 등용할 것을 주창한다.

미일수호통상조약이 체결된 1858년 쇼인은 대내외적 위기를 타개할 방책으로 쓴 「속우론(續愚論)」에서 "교토(京都)에 문무를 겸비한 대학교를 설립해서 위로는 황실 자손에서부터 아래로는 서민에 이르기까지 귀천존비의 구별 없이 함께 모아서 문무 강습을 전문적으로 시행해서, 천하에 영웅호걸로서 이름이 있는 자들을 여기에 모여서 학습하게 하고자 한다"라는 의견을 밝힌다. 나아가 이 대학교에는 총병조련소(銃兵調練所)를 만들고 그 밑에 궁마창검소(弓馬槍劍所)를 배치하며, 그 외에 제본소(製本所)나 제약소(製藥所), 제총소(製銃所)를 비롯한 여러 시설을 대학교의 교내외에 설치해서 학교의 관할하에 두는 방안도 아울러 제시하고 있다.

사농공상의 신분제가 엄격하게 유지되고 있던 에도시대, 황국 신민으로서 모두 평등하다는 인식하에 신분 귀천에 관계없이 널리 인재를 등용해서 부국강병을 추진해야 한다는 쇼인의 사상은 매우 혁신적이었고 이후 메이지 일본을 건설하는 데 중요한 초석이 됐지만, 에도막부의 입장에서는 막부 지배의 근간을 뒤흔드는 매우 위험한 발상이기도 했다. 쇼인이 안세이 대옥(安政大獄)에서 처형된 것도 그와 무관하지 않을 것이다.

『해국도지』의
비판적 수용

무릇 외국(夷)의 실상을 보면
이(利)를 보되 의(義)를 보지 않으니,
진실로 이롭다면 적과도 동맹을 맺고
진실로 해롭다면 동맹도 원수로 삼는다.

－『야산옥문고』

『해국도지(海國圖志)』는 공양학자(公羊學者)이면서 해방(海防)에 관심이 높았던 웨이위안(魏源)이 아편전쟁 당시 흠차대신으로 파견됐던 린쩌쉬(林則徐)가 수집한 자료를 토대로 해서 편찬한 근대 중국 최초의 세계 문명 지리서이다. 1842년『해국도지』50권본이 출간됐으며, 1847년에는 60권본으로 증보 개정했고, 1852년에는 방대한 분량의 100권 완간본을 출간했다.『해국도지』는 그 서명에서도 알 수 있듯이 대륙 중심의 중국이 처음으로 해양을 통한 세계 여러 나라에 관심을 기울이게 된 기념비적인 서적이라고 할 수 있다.

『해국도지』가 이전 중국의 세계지리서와 다른 점은 웨이위안이 서문에서 "서양인의 관점에서 서양을 언급했다"고 하듯 많은 부분을 서양인의 저술에 의거하고 있기 때문에 정확도를 높일 수 있었다는 것이다. 또한 지리에 대한 지식뿐만 아니라 서양의 역사를 비롯해 군사과학 기술 및 문명의 이기(利器), 즉 화륜선과 화륜차 등의 서양 문물을 소개하고 있으며, 그중 주해편(籌海編)에서는 서양에 군사적으로 대항할 수 있는 방법까지 소개하고 있다. 본래 웨이위안은 이 책을 저술한 목적을 "서양의 힘을 빌려 서양을 공격하고[이이공이(以夷攻夷)], 서양의 힘을 빌려 서양과 화친하며[이이관이(以夷款夷)], 서양의 뛰어난 기술을 배워[위사이장기(爲師夷長技)] 서양을 제압하기 위해서 저술한 것이다[이제이이작(以制夷而作)]"라고 언급할 만큼 서양 문명에 대한 경외심과 경계심을 모두 표하고 있었다.

『해국도지』는 중국의 지식인들이 중화사상이라는 자기중심적 세계상에서 벗어나는 계기를 제공해 주었으며, 조선에도 전래되어 조선의 지식인들이 외국에 대한 이해를 넓히고 새로운 세계 문명 지리에 대한 지식을 갖게 해주었다. 『해국도지』는 1851년 60권본이 일본에 전해졌으며, 1854년 정식으로 수입이 허락되면서 일본 사회에 커다란 영향을 미쳤다. 대국 청국이 영국의 압도적인 무력에 굴복했다는 아편전쟁의 충격 속에서 서구 열강의 군사력에 대항할 방책을 모색하고 있던 일본 지식인들에게 이 책은 말 그대로 가뭄에 단비와 같은 것이었다.

서양의 병학에 높은 관심을 가졌던 사쿠마 쇼잔과 함께 요시다 쇼인 역시 "서양의 뛰어난 기술을 배워 서양을 제압한다[위사이장기 이제이이작(爲師夷長技, 以制夷而作)]"는 웨이위안의 말에 촉발되어 서구의 과학기술과 문명을 받아들여 일본을 내우외환에서 구하고자 했다.

당시 일본에 전해진『해국도지』는 대부분 막부 관계자가 소장하고 있어 대부분의 독자는 화각본(和刻本)이나 화해본(和解本)[2]으로 읽었다고 한다.『해국도지』에서 화각본으로 제일 먼저 출간된 것은「묵리가주부(墨利加洲部)[아메리카대륙]」[1854년 4월]이며, 그다음으로 나온 것은「주해편(籌海篇)」[1854년 7월]이다. 쇼인의 독서 기록인「야산옥독서기(野山獄讀書記)」를 보면, 1854년 10월 조슈번 하기(萩)의 노야마옥(野山獄)에 수감된 이후 여러 차례에 걸쳐『해국도지』를 읽은 것을 알 수 있다. 우선 동년 11월 22일『해국도지』를 읽었으며, 1855년 2월 26일에『해국도지』2책(冊), 1855년 4월 21일『해국도지』2책 상하를 읽었고, 1855년 5월 12일에는『해국도지』2책을 다시 읽기 시작했다. 1855년 6월에는『해국도지』3, 4, 5, 6, 7, 8을 11일부터 12일에 걸쳐 읽었다고 한다.

일본 학계에서는 쇼인이 처음 읽었던『해국도지』화각본은 어느 부분인지 알 수 없지만, 그다음에 읽은『해국도지』2책은 화각본이 처음 간행된『해국도지』「묵리가주부」이며,『해국도지』2책 상하는『해국도지』「주해편」일 것이

라는 의견이 유력하다. 그리고『해국도지』3, 4, 5, 6, 7, 8은
『해국도지』제3권에서 제8권까지의 4책으로 보고 있다.

이 시기, 일본의 화각본이『해국도지』「묵리가주부」와
『해국도지』「주해편」에 주목한 이유는 무엇일까?

웨이위안이 편찬한『해국도지』는 100권 본을 기준으로
해서 59권에서 70권까지 남북 아메리카 대륙을 다루고 있
는데, 그중 미국에 대해서는 59권에서 63권에 걸쳐 소개
하고 있다. 당시 페리 제독의 군함 외교에 즈음해서 강압적
으로 미일화친조약을 체결한 일본은 무엇보다도 미국의
사정에 대한 정보가 절실했다.『해국도지』중 미국에 대한
화각본이 일본에 제일 먼저 출간된 것도 바로 이러한 연유
에서일 것이다. 쇼인 역시 서양의 대포와 군함 제조 기술을
직접 서양에 가서 배우고자 해서 시모다(下田)항에 정박 중
인 미국 군함을 타고 밀항을 도모하기까지 했던 적이 있었
기 때문에 미국의 사정을 알 수 있는『해국도지』를 누구보
다도 반겼음이 분명하다.

쇼인은 1855년 6월 노야마옥에서 쓴「복당책(福堂策)」
에서 북위(北魏) 효문제(孝文帝)가 죄인을 오랫동안 감옥에
가두면 고통으로 인해 선한 생각을 하게 되므로 "지혜로운

자는 영어(囹圄)[감옥]를 복당(福堂)[복이 되는 집]이라고 한다"
라고 말한 것에 대해 이치상 그럴듯하지만 현실은 그렇지
않다고 하면서 다음과 같이 언급한다.

> 내가 감옥에 오래 있으면서 직접 죄수들의 행태를 관
> 찰해보니 오랫동안 감옥 생활하면서 나쁜 짓을 꾸미
> 는 자도 있어도 선한 생각을 하는 자는 보지 못했다.
> 그렇다면 죄수는 결코 선하게 다스릴 수 없는 것이다.
> 따라서 '소인은 한가하게 지내면 나쁜 짓을 한다(小人
> 閑居爲不善)'는 말은 타당한지 모르겠다. 다만 이 말은
> 감옥 내에서 가르침이 없는 경우에 해당할 뿐이다. 만
> 일 가르침이 있다면 어찌 선한 생각을 하지 않음을 우
> 려하겠는가? … 일찍이 미리간(米利幹)[미국]의 감옥 제
> 도를 살펴보건데 예전에는 일단 감옥에 들어가면 대
> 부분 악함이 점점 더 심해졌지만, 근래는 선서(善書)가
> 있어 교도하기 때문에 감옥에 들어갈 때와는 완전히
> 다르게 선한 사람이 된다. 이와 같아야 비로소 복당이
> 라고 할 수 있다.
>
> －「복당책」

쇼인이 언급한 미국의 감옥 제도는 『해국도지』 59권 미국 총술 편에 실려 있는 내용으로, 미국에서 인회(仁會)를 세워 범죄자를 교화한 결과, 자기 잘못을 반성하고 고친 자들이 많았다는 내용이다. 쇼인은 『해국도지』를 읽고 서양의 우수한 문물제도를 받아들이고자 한 것이다.

한편, 쇼인은 『해국도지』 「주해편」을 읽고서 병학적 관점에서 웨이위안의 견해를 비판하기도 한다. 그는 역시 노야마 감옥에서 쓴 「주해편을 읽고(籌海篇を讀んで)」라는 글에서 "청나라 웨이위안의 주해편은 방어를 논하고, 전쟁을 논하며, 화친을 논하는데, 매우 이치에 들어맞는다. 청나라가 이를 전적으로 사용한다면 영국을 제압하고 러시아와 프랑스를 몰아내는 데 부족하지 않을 것이다"라고 높게 평가하면서도 당시 중국에서 태평천국의 난이 확산 중인 것을 우려하며 "청나라가 모름지기 우려해야 할 바는 외이(外夷)가 아니라 내민(內民)에 있다"라고 했다. 이어서, "민(民)은 안에 있고 이(夷)는 밖에 있으니 밖을 도모해서 안을 내버려 두는 것은 흉(凶)이고, 안을 다스려서 밖을 제압하는 것은 길(吉)이다"라고 지적한다. 즉, 민생을 돌보지 않고서는 외적에 대항할 수 없다는 비판이다.

또한 아래의 사료에서 언급한 이이제이(以夷制夷), 즉 오랑캐로 오랑캐를 제압한다는 전통적인 방책은 국제정세를 이해하지 못하는 것으로 비판하고 있다.

> 청나라 사람 웨이위안은 외국의 사정을 논하며 말하길 "[영국은] 러시아와 미국, 프랑스와는 은근히 사이가 나쁘니 마땅히 화친해서 수륙의 도움을 받아야 한다"라고 한다. 옛일을 끌어들여 지금의 일을 논하는 것은 매우 근거가 있어 보이지만, 내가 보기에 이는 하나는 알고 둘은 모르는 것일 뿐이다. 무릇 외국(夷)의 실상을 보면 이(利)를 보되 의(義)를 보지 않으니, 진실로 이롭다면 적과도 동맹을 맺고 진실로 해롭다면 동맹도 원수로 삼는다. 이것이 저들의 일상이다. … 따라서 입국의 본체는 타국이 우리에 기대하게 해야지 우리가 타국에 기대하는 일이 있어서는 안 된다. 만일 타국이 우리에게 기대하게 되면 적도 또한 우리가 이용할 수 있으며, 우리가 타국에 기대하게 되면 동맹도 또한 장차 와서 우리를 물어뜯으려고 할 것이다.
>
> - 『야산옥문고』

이와 같이 쇼인은 『해국도지』를 통해 서양 사정을 파악하고 서양의 장기를 받아들이는 것 등에 대해서는 공감하면서도 웨이위안의 구체적인 대책에 대해서는 의구심을 품고 더 나은 방안을 모색하려 했다.

야마가타 타이카와의
국체논쟁

무릇 황국(皇國)이 황국다운 연유는
천자의 존엄이 만고불변하기 때문이다.

－ 「타이카옹의 강맹차기 평어에 대해 씀」

요시다 쇼인은 『강맹차기(講孟箚記)』를 저술한 후 조슈 명륜관의 학두(學頭)로서 주자학의 보급에 힘써왔던 야마가타 타이카에게 비평을 의뢰했다. 1855년 9월 18일의 일이다. 당시 타이카는 70세가 넘은 고령에다가 중풍에 걸려 우반신이 마비된 상태였지만 『강맹차기』를 읽고 충격을 받은 듯 쇼인의 견해를 반박하는 신랄한 비평문을 써서, 양자 간 일본의 국체를 둘러싼 논쟁이 전개됐다.

　쇼인은 『강맹차기』 「양혜왕장구 8장」에서 "이 오오야시마(大八洲)[일본의 옛 명칭]는 천일(天日)이 개창한 것으로 천황(日嗣)이 영원히 지켜줄 것이다"라고 언급하며 일본 국체의 독자성을 강조한다. 이에 대해 타이카는 다음과 같이 반론한다.

　"천일이란 태양을 가리키는 것인가? 아니면 태조(太祖)가 군림하는 위덕을 태양에 비유해서 한 말인가? 만일 태양을 가리키는 것이라면, 태양은 불의 정령으로 이 지구보다 얼마나 큰지 알 수 없다. 또한 그 높이는 지구에서 몇만 리나 떨어져 있는지조차 알 수 없다. 주야로 천체를 일주해서 골고루 만국을 비추고 있는 것이다. 이것을 오로지 우리나라의 조종(祖宗)이라고 하는 것은 이상하지 않은가"라며 비교적 합리적 견지에서 쇼인의 견해를 비판했다.

타이카의 비판에 대해 쇼인은 황국 일본은 천자가 최고의 위덕을 갖추고 그 존엄이 고금을 통해 변하지 않았다고 하며 일본의 정통성을 신화의 세계에서 찾았다.

> 무릇 황국(皇國)이 황국다운 연유는 천자의 존엄이 만고불변하기 때문이다. 만일 천자가 바뀔 수 있다면 막부도 제(帝)가 될 수 있고, 제후도 제가 될 수 있으며 사대부도 제가 될 수 있고 농민과 상인도 제가 될 수 있으며 이적(夷狄)도 제가 될 수 있고 금수도 제가 될 수 있을 것이다. 그리된다면 황국은 지나(支那)[중국], 인도(印度)와 무슨 차이가 있겠는가.
> ─「타이카옹의 강맹차기 평어에 대해 씀」

농공상뿐만 아니라 이적과 금수도 제(帝)가 될 수 있다는 쇼인의 주장은 다소 극단적인 인상을 주지만, 다가오는 대내외적 위기를 천황에 대한 절대적 신앙을 통해 극복하고자 한 절실함 역시 엿보인다.

실제로 쇼인과 타이카는 문호개방을 압박하는 구미 열

강에 대해 상이한 태도를 보였다. 쇼인은 페리 제독의 함대가 우라가(浦賀)항에 나타났을 때 형에게 보낸 서신에서 "우라가 사건은 역사 이래 일찍이 없었던 대사건으로 국위의 쇠퇴가 이 지경에까지 이르렀으니 그 원인은 과연 어디에 있는 것인가?"라고 하여 무력으로 다가오는 서구에 대해 위기의식을 가지고 있었다.

그러나 타이카는 "작년 미국이 내항했을 때, 당초에는 해구(海寇)가 왔다고 해서 인심이 흉흉해 두려워하거나 분노했는데, 분노한 자는 싸우자고 하고 두려운 자는 화친을 맺자고 해서 의견이 분분해 합일되지 않았다. 그렇지만, 저들이 와서 도적질을 한 것도 아니고 사절로 파견되어 요청한 것이다. 우리는 실상에 맞게 대응해서 조치를 취해야 할 것이다. 사절이라면 그에 상응하는 예의로 맞이하면 되고, 만일 도적질을 한다면 무력을 다해 방어하는 것으로 사항의 처리를 논하면 된다"라며, 페리 제독의 내항에 대해 쇼인과는 달리 매우 냉정하게 실정에 맞게 처리해야 한다고 논했다.

이러한 인식의 차이는 쇼인이 천황제 아래에서 새롭게 일본을 재편하고자 했다면, 타이카는 종래와 같이 막부 체제하에서 문제를 해결해 나가고자 한 것에서 기인한다. 타이카는 "천하가 무가(武家)에 귀의한 것은 천자가 천하를 다스릴 수 없는 것에 의해 일어난 것이다. 천자가 그 직분을 다스릴 수 없다면 이를 대신해서 다스릴 수 있는 자가 나타난 것이니 이는 천지자연의 이치이다"라며 막번제에서 쇼군이 천황을 대신해 정치를 하는 것을 지극히 자연스러운 이치로 보았다. 이어서 "천하는 한 사람의 천하가 아니라, 즉 천하의 천하이다"라는 견해를 밝혔다. 이는 일찍이 쇼인이 말했던 "천하는 한 사람의 천하로서 천조의 천하다"라는 존왕론에 대한 유학자적 견지에서의 비판이기도 하다.

이러한 타이카의 유교적 세계관에 대해 쇼인은 "한토(漢土)[중국]에는 인민이 있은 후에 천자가 있지만, 황국에는 신성이 있은 후에 억조창생이 있다. 국체가 본래 다르니 군신이 어찌 같겠는가. 선생[타이카]은 신들에 대한 기록[『일본서기』「신대권(神代卷)」]을 믿지 않기 때문에 이와 같이 말하는 것이다"라고 반론을 제기한다. 쇼인은 '천하는 천하의 천하가 아니라 천조의 천하'라고 하는 존왕론의 열렬한 지지자였다.

"우리나라는 황송하옵게도 쿠니노도코다치노미코토(國常立尊)[일본 신화에 등장하는 최초의 신]로부터 대대로 여러 신들을 거쳐 이자나키미고토(伊弉諾尊)·이자나미미코토(伊弉冉尊)에 이르러 오오야시마국[일본]과 산천초목, 인민을 낳으시고 또한 천하의 주인이신 황조(皇祖) 아마테라스오오미카미(天照皇大神)를 낳으셨다. 그로부터 여러 성군이 계승해서 천자의 번영이 하늘과 땅에 변함없이 영원히 계승되어 국토, 산천초목, 인민 모두 황조 이래 보호하고 유지할 수 있게 됐다"

이와 같이 쇼인은 천손강림설(天孫降臨說)에 의거해 천황의 정통성을 설명했다. 이 천황은 천하의 주인으로서 그 지위는 절대적이다. 쇼인은 말하길 "우리나라의 제황(帝皇)에게 걸주(桀紂)의 포악함이 있다고 해도 억조창생의 백성은 … 대궐에 엎드려 통곡해서 우러러 천자가 깊이 깨닫기를 기도할 뿐이다. 불행하게도 천자가 진노해서 모든 백성을 주살해 버린다면 사해의 남은 백성은 또한 조금도 남지 않게 되어 신주(神州)는 멸망한다"라고 해서 민본사상에 입각해 유덕한 자가 군주가 된다는 유교적 정치론과는 다른 입장을 취했다.

쇼인은 천황에게 막부의 권력을 초월하는 절대적 존재감을 부여해서 정치적 존재감을 발휘할 것을 기대했다. 쇼인이 "나의 견해로는 천황 스스로가 천하에 칙령을 내려서 모든 충의열사를 어전에 소집해서 … 외이(外夷) 토벌의 정론을 당당하게 확립했으면 하는 것이다"라고 한 것에는 천황을 중심으로 거국적 양이체제를 구축해 당면한 대내외적 위기를 구하고자 하는 기대감이 담겨 있었다. 여기서 막부의 권력을 초월에 천황에 대한 절대적 충성과 정치성을 부여한 것은 막부의 입장에서 자신의 기반을 뒤흔드는 매우 위험한 발상이었다.

쇼인은 형장의 이슬로 사라지기 전 제자들에게 남긴 『유혼록(留魂錄)』에서 "내 몸은 무사시(武蔵)[도쿄 주변]의 들판에서 썩어 문드러져도 야마토혼(大和魂)은 남기고 간다"라는 시를 언급한 후 이렇게 마무리한다. "나는 30세이지만, 1년에 사계절이 있듯이 인생에도 사계절이 있다. 결실의 시기를 맞이해서 쭉정이뿐으로 열매를 맺지 못한 것인지, 좋은 열매를 맺은 것인지 나는 알 수가 없다. 그러나 만일 나의 진심에 찬동해서 존왕양이의 뜻을 계승하는 자가 나온다면, 그 뜻은 소멸되지 않은 것으로, 나 자신의 인생이

좋은 열매를 맺은 것으로 자랑스럽게 생각하고자 한다. 동
지여 이 뜻을 잘 새겨주길 바란다."

PART 2

후쿠자와 유키치

일본 문명개화의 선구자

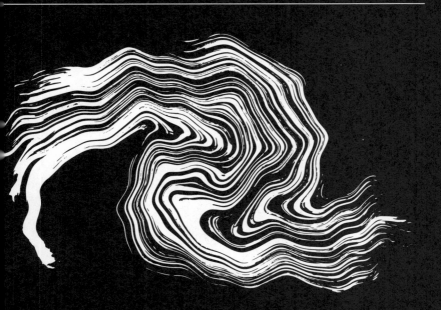

후쿠자와 유키치 福澤諭吉 1835~1901

　　자는 시이(子圍), 호는 산쥬잇코쿠진(三十一谷人)이며 나카쓰 번(大分縣)의 하급 무사 출신으로 근대 일본의 기틀을 마련한 인물이다.

　　19세(1854년)에 나가사키(長崎)에서 난학(蘭學)을 배웠으며, 23세(1858년)에는 게이오대학교(慶應義塾大學校)의 전신인 난학숙(蘭學塾)을 열었다. 후에 요코하마(橫濱)에서 영어가 국제어라는 것을 깨닫고 영어를 배웠으며, 에도막부 사절의 수행원으로 3차례 구미를 시찰한 후 『서양사정(西洋事情)』, 『학문의 권유(學問のすすめ)』, 『문명론의 개략(文明論の槪略)』 등의 유수한 저서를 저술해 일본의 독립자존 정신과 실학의 중요성을 고취했다. 갑신정변(1884) 실패 이후에는 아시아의 나쁜 친구(惡友)들과 관계를 끊고 서구 열강과 어깨를 나란히 해야 한다는 '탈아론'을 주창한 바 있다.

　　후쿠자와의 사상은 일본의 근대 교육 및 국가 개혁에 깊은 영향을 미쳤으며, 특히 일본이 국제사회에서 독립된 근대국가로 자리 잡기 위해서는 스스로 강한 국가로 성장해야 한다는 점을 강조했다. 그러나 이러한 사상은 일본 내에서 점차 군국주의적 논리와 결합됐으며, 결과적으로 후쿠자와의 주장 중 일부는 훗날 일본 제국주의의 팽창 정책에도 영향을 미쳤다.

문명과
야만

지금 세계의 문명을 논함에
유럽 국가들 및 아메리카 합중국을
최상의 문명국이라고 하고,
터키·중국·일본 등 아시아 국가들을
반개국이라고 하며,
아프리카 및 오스트레일리아 등을 가리켜
야만국이라고 하는데,
이 명칭은 세계에 널리 통용되는 이론이다.

　　–「서양 문명을 목적으로 하는 일」,『문명론의 개략』

근대 국민국가에서 '문명'이란 개념은 국민을 통합하는 데 커다란 역할을 담당해 왔다. 특히 19세기는 서구 문명을 척도로 해서 세계의 문명 수준을 인식하던 시대이기도 하다. 동아시아 역시 서구 문명을 지극히 당연한 것으로 받아들이는 가운데 세계적 질서에 편입되어 갔다. 일본의 경우, 시빌라이제이션(Civilization)의 번역어로서의 문명이란 개념은 에도막부 말기에서 메이지 초기에 걸쳐 정착되어 갔는데, 이를 주도한 대표적 인물이 바로 후쿠자와 유키치(福澤諭吉)다.

후쿠자와는 어려서부터 한문 서적을 탐독하고 난학(蘭學)을 배웠으며, 에도에서 난학 학교를 열기도 했다. 개항 이후 그는 국제어인 영어의 중요성을 깨닫고 재빠르게 영어를 공부하기 시작했다.

1859년 에도막부 사절단의 일원으로 미국을 방문하게 됐고, 그는 사회제도를 비롯해 미국 시민의 생활 습관·자유·인권사상에 커다란 충격을 받았다. 특히 남존여비의 관념이 지배적인 일본과 달리 여성의 사회적 지위가 매우 높다는 사실에 강한 인상을 받았다. 미국에서 돌아온 이듬해인 1861년, 후쿠자와는 구미 사절단 일행으로 파견되어

1년간 유럽 여러 나라를 방문했고, 근대 법률을 비롯한 철도, 은행, 학교, 우편, 클럽, 병원 등 선진문물을 접할 수 있는 귀중한 체험을 할 수 있었다. 그는 귀국 후 자기 경험을 토대로 서양 각국의 문물과 제도를 대중적 필치로 서술한 『서양사정(西洋事情)』[1867년 간행]을 출판해 계몽 활동을 시작했다.

후쿠자와는 1867년 1월 23일 군함을 구입하기 위해 다시 미국을 방문했다. 이 여정에서 그는 미국의 존슨(Andrew Johnson) 대통령을 비롯한 각료들을 만날 수 있었다. 5개월의 여정을 마친 후 귀국하자, 곧 1868년 메이지 유신이 일어나 신정부가 들어서며 일본은 변혁의 소용돌이에 휩싸이게 됐다.

후쿠자와 유키치는 새로운 시대를 개척하기 위해서는 무엇보다 인재 양성이 중요하다고 판단해 1868년 난학숙(蘭學塾)을 그 해 연호를 따서 게이오기쥬쿠((慶應義塾)[경응의숙]로 개명했고, 이것이 오늘날 게이오대학교(慶應大學校)의 전신이다. 이후 후쿠자와는 1875년 『문명론의 개략』을 저술했고, 여기서 인간 사회의 역사를 야만-반개(半開)-문명의 세 단계로 파악했다.

지금 세계의 문명을 논함에 유럽 국가들 및 아메리카
합중국을 최상의 문명국이라고 하고, 터키·중국·일
본 등 아시아 국가들을 반개국이라고 하며, 아프리카
및 오스트레일리아 등을 가리켜 야만국이라고 하는
데, 이 명칭은 세계에 널리 통용되는 이론이다. 서양
국가들의 인민은 단지 자신들의 문명을 자랑할 뿐만
아니라 저 반개·야만의 국가들도 이 명칭을 타당한
것으로 받아들여, 스스로 반개·야만의 처지에 안주해
서 감히 자국의 존재를 내세워 서양 국가들보다 우위
에 나서려는 자들은 없다.
　　-「서양 문명을 목적으로 하는 일」, 『문명론의 개략』

　후쿠자와의 문명론은 서구 문명을 최상위에 놓고 아시
아, 아프리카, 오스트레일리아를 반개와 야만의 지역으로
해서 배열한다. 그는 사물의 가벼움과 무거움이 절대적이
지 않고 상대적인 것처럼, 야만과 문명 역시 상대적인 것으
로 보았으나, 그럼에도 사람들이 문명, 반개, 야만의 상태
를 '세계의 통론'으로서 받아들이는 데에는 분명한 이유가
있다고 했다.

후쿠자와는 인간 사회의 문명과 야만을 다음과 같이 설명한다. 우선 야만의 상태에 대해서는, 일정한 거주지가 없고 먹을 것과 입을 것이 족하지 않아도 기계를 만들 생각을 못 하고, 문자는 있지만 문학이 없으며, 자연을 두려워하고 스스로 운명을 개척하지 못하는 미개한 사회로 본다.

반개의 상태는 농업이 발달해서 먹을 것이 족하고 도읍을 세우는 등 외면적인 모습은 버젓하지만 그 내실은 부족하고, 문학은 있지만 실학에 힘쓰는 자가 부족하며, 모방은 하지만 창작을 못 하고 관습에 얽매이는 사회로 정의한다.

이러한 야만과 반개 상태에 비해, 문명의 상태는 사람들이 관습에 얽매이지 않고 자유롭고 활발한 기풍이 넘치며, 스스로 덕성을 닦고 지식을 연마해 옛것을 섬기지 않고 현재에 안주하지 않으며, 실학적 기풍 하에 끝없이 노력하여 공업과 상업이 날로 번창하는 사회라고 말한다.

여기에서 알 수 있듯 후쿠자와가 생각하는 문명의 상태란 사람들의 기풍이 관습에 구속되지 않는 능동적이고 독립적이며, 지혜롭고 실학적인 성향을 지닌 진보적 사회를 의미한다. 그리고 일본은 터키, 중국과 같이 반개의 단계에 있으므로 문명, 구체적으로는 서양 문명의 단계로 발전시켜 나가야 한다고 주장했다. 그러나 후쿠자와는 서양 역시 전쟁을 일삼고 도적과 살인이 끊이지 않는다는 점에서 만족스러운 상태는 아니라고 밝혔다. 그럼에도 서양 문명의 상태로 나아가야 한다는 것은 무엇인가?

후쿠자와는 문명을 외형적인 것과 정신적인 것으로 구분하고, 외형적인 문명은 받아들이기 쉬우나 내부의 정신적인 문명은 획득하기가 어렵다고 말했다. 그에 따르면, 외형적인 문명이란 "의복·음식·기계·주거에서 정령(政令)·법률에 이르기까지 모두 눈과 귀로 보고 들을 수 있는 것"으로 이러한 외형적인 것은 그 내부의 정신과 불가분의 관계에 있기 때문에 내부의 정신을 무시한 채 외형적인 것만을 받아들여서는 참된 문명이라고는 할 수 없다. 즉, 단지 서양의 의식주를 모방하고 단발을 한다고 해서 문명인이라고 할 수 있는가 하면 반드시 그렇지만은 않다는 것이다. 당시 일본은 돌로 건물을 짓고 철교를 건설하며, 군함을 제작하는 등 국가적 차원에서 서양 문명을 받아들이고 있었지만, 그러한 외형적 모방만으로는 충분하지 않다는 것이 유키치의 입장이었다.

그렇다면 내부의 정신적 문명이란 무엇을 가리키는 것

인가? 후쿠자와는 이를 '인민의 기풍'이라고 설명한다. 이 기풍은 사고팔 수 있는 것이 아니고 급하게 만들 수 있는 것도 아니며, 보고 들을 수 있는 것도 아닌 무형의 신조다.

후쿠자와는 이 무형의 신조를 '국속(國俗)' 또는 '국론(國論)'이라고 하는데, 이는 후에 언급하는 량치차오(梁啓超)의 '국성(國性)'과도 일맥상통하는 점이 있다. 후쿠자와는 이 인민의 기풍을 문명의 정신으로 개혁하고자 한 것인데, 이 문명의 정신이란 바로 서양 문명의 정신을 말한다. 즉, 서양 세계가 낳은 정신적 가치를 일본에 도입해 근대적 독립 국가의 기반으로서 일본 인민의 자립적 정신을 함양하고자 한 것이다.

이러한 후쿠자와의 문명론은 전제적 지배체제에 대해 지극히 비판적인 자세를 취하고 있다. 그가 서양을 문명사적으로 높게 평가하는 것은 그 이면에 전제적인 지배체제를 구축해 온 동양에 대한 비판 의식이 담겨있다. 그러나 전쟁이나 독재라고 해도 문명을 진보시키는 데 도움이 된다면 그 과오를 책망하지 않는다고 한 것에서 그의 문명론은 문명이라는 기치하에 폭력도 정당화할 수 있다는 문제를 내포하고 있다.

중국의 량치차오는 서양의 문명사상을 일본에 이식하고자 한 후쿠자와에 대해 "서학의 선구자이며 또한 당대의 태두(泰斗)"로 "일본이 서학을 알게 된 것은 후쿠자와에서 시작한다"라고 그 업적을 높게 평가했다.

후쿠자와의 문명론은 서양 정신에 입각해 문명의 진보를 짊어진 주체로서의 개인, 국민국가를 짊어진 주체로서의 국민을 양성하여 근대국가로 태동하고 있는 일본의 자유와 독립을 달성하는 것을 지상 최대의 과제로 내건 사상운동이었다.

국체론과
근대 일본

국체(國體)란 한 종족의 인민이
서로 모여서 슬픔과 기쁨을 함께하며, …
다른 정부의 통제를 받는 것을 달가워하지 않고
화복을 모두 스스로 담당하여
독립하는 것을 말한다.
서양의 언어로 '내셔널리티'라고 하는 것이
이것이다.

－「서양 문명을 목적으로 하는 일」, 『문명론의 개략』

후쿠자와는 문명론에서 일본의 문명을 서구 문명과 비교해서 권력이 편중됐다고 했지만, 중국 문명과 비교해서는 카마쿠라(鎌倉) 시대 이후 "지극히 존귀함(至尊)이 반드시 지극히 강함(至强)이 아니며, 지극히 강함이 반드시 지극히 존귀함이 아닌 형세가 되어" 그 사이에서 한 조각의 도리(道理)가 태어났으며, 이에 "신정을 존숭하는 관념과 무력으로 압제하는 관념에다 도리라고 하는 관념이 섞여 이 삼자는 각각 강함과 약함이 있었지만, 어느 하나가 권력을 오로지 할 수 없었다"고 한다.

즉 권위와 권력이 하나로 합치된 중국의 전제사회와 달리 일본은 권위와 권력이 이원적으로 분립화됐는데, 그것이 일본인의 마음에 자유의 기풍을 낳는 계기가 되어 사상이 풍부한 일본인을 배양할 수 있었다는 것이다. 따라서, 왕정복고 이후 메이지 왕정에서 지존의 자리와 지극히 강한 힘이 하나로 합체되는 것에 대해 후쿠자와는 일본이 시황제 이래 중국과 같은 체제로 나아가려 한다고 비판한다. 즉, 메이지 정부가 신화적 계보를 잇는 천황제적 국가를 근대 일본의 '국체'로 규정한 일을 문명론적으로 비판한 것이다. 여기에 더해 유키치는 독특한 국체론을 제기한다.

72

국체(國體)란 한 종족의 인민이 서로 모여서 슬픔과 기쁨을 함께하며, 다른 나라 사람에 대해 자신과 타자의 구별을 지어 스스로 서로를 바라봄에 다른 나라 사람을 보는 것보다 두텁고, 스스로 서로에 힘을 다하는 것이 다른 나라 사람을 위해 하는 것보다 열심이며, 한 정부 아래에 있으면서 스스로 지배하여 다른 정부의 통제를 받는 것을 달가워하지 않고 화복을 모두 스스로 담당하여 독립하는 것을 말한다. 서양의 언어로 '내셔널리티'라고 하는 것이 이것이다.

－「서양 문명을 목적으로 하는 일」,『문명론의 개략』

후쿠자와는 국체를 구성하는 가장 중요한 요소로 한 종족의 인민이 역사를 공유하면서 나아가 다른 정부의 지배를 받지 않는 독립적인 상태를 든다. 그는 이것을 내셔널리티 개념으로 치환하는데, 그 중심에 인민이 "세태의 연혁을 거치면서 공유한 회고의 정(情)"을 위치시킨다. 그리고 이 국체는 "반드시 한결같은 것은 아니며 자못 변화가 있는 것이"고, 고정불변한 것이 아니라 역사적 상황에 따라 신장하기도 단절되기도 한다고 언급한다.

그렇다면 국체의 존속 여부는 무엇을 가지고 판단할 것인가? 후쿠자와는 우선 언어나 종교를 가지고 판단할 수는 없다고 한다. 즉, 언어나 종교가 있다 하더라도 그 인민이 정치적 권력을 잃어버려 다른 사람[국가]의 지배를 받게 되면 국체가 단절된 것으로 본다. 인도인이 영국인에게 지배당하고 아메리카 원주민이 백인에게 쫓겨난 일은 국체를 잃어버린 정도가 매우 심한 것으로, 결국 국체의 존속 여부는 그 나라 사람이 정치적 권력을 상실했는가의 여부에 달려있다는 것이다. 량치차오가 국성(國性)을 논함에 언어와 종교, 관습을 중요시한 것에 비해 후쿠자와가 언급하는 국체는 정치적 권력의 자립을 중요시했다.

　후쿠자와는 국체 관념을 재해석해서 국체와 정통(正統)을 구별한다. 그에 따르면, 폴리티컬 레지티메이션(Political Legitimation)의 번역어로써 사용된 정통은 정치체제를 가리키는 것으로, 이는 전쟁이나 무력을 통해 변혁을 이루어 왔지만 정통의 변화가 곧 국체의 변화를 가리키는 것은 아니다. 따라서 국체를 보존하는 길은 다른 나라에 정권을 빼앗기지 않고 자국인이 자국의 정치를 행하는 데에 있다. 이런 점에서 후쿠자와의 국체론은 국민주의에 입각한 개념이라고 할 수 있다.

후쿠자와는 일본의 황통(皇統)이 국체와 함께 연면히 계
승되어 오늘날에 이르고 있는 것에서 이를 세계 어느 곳에
도 비할 수 없는 국체라고 볼 수도 있겠지만, 황통이 계승
되어 온 것은 국체 그 자체가 아니라 국체가 상실되지 않았
다고 하는 징후에 불과하다고 한다. 다시 말하면, 천황의
혈통을 유지해 온 것이 곧 국체를 유지해 왔다는 뜻이 아니
고, 연면히 이어져 온 만세일계는 국체가 안태(安泰)하다는
징후일 뿐이라는 것이다. 따라서 국체와 혈통을 혼동해서
는 안 되며 나아가 혈통을 중시하고 국체를 경시하는 일은
있어서는 안 된다고 주장한다.

후쿠자와는 이 문제를 사람의 몸에 비유해서 "국체는 마
치 신체와 같고, 황통은 마치 눈과 같다. 눈빛을 보면 그 신
체가 죽지 않았다는 징후로 삼을 수 있지만, 일신의 건강을
유지하기 위해서는 눈만 주의하고 전체의 생명력을 돌아
보지 않는 이치는 없다. … 단지 눈을 뜨고 있는 것을 보고
그것을 생명체로 잘못 인식할 염려가 없지 않다"라고 언급
한다. 후쿠자와가 말하는 국체란 인체의 눈에 불과한 황통
을 가리키는 것이 아니라 인체 전체 즉, 국가 전체에 관한

것으로, 영국인이 동양 국가들을 제압할 때 몸을 죽이고 눈을 보존한 예가 적지 않기 때문에 단지, 눈을 뜨고 있다고 해서 안심해서는 안 된다는 것이다.

이와 같이 후쿠자와가 재구축한 국체는 정통과 혈통과는 구별되는 것으로 혈통을 바꾸지 않아도 정통이 바뀌는 경우가 있으며, 정통을 바꾸지 않아도 국체가 바뀌는 경우가 있다고 한다. 그렇다면 국체를 유지하기 위해서는 무엇을 해야만 하는가?

후쿠자와는 말하길 일본은 개벽 이래 국체를 바꾼 경우가 없으며 혈통도 또한 계속 이어져 끊어진 경우가 없으나, 오직 정통은 자주 큰 변혁이 있었다고 보았다. 국왕에서 외척, 그리고 쇼군(將軍)으로 정통의 변혁이 있었음에도 불구하고 국체를 잃지 않았던 이유는 무엇인가? 바로 일본인이 스스로 정치를 행하고 외국인들에게 한순간도 정치권력을 넘겨준 일이 없기 때문으로, 국체를 유지하기 위해 지켜야 할 것은 인민 즉 국민과 국가의 독립성인 것이다.

후쿠자와는 혈통의 이어짐을 지키는 것은 어려운 일이 아니라고 지적했다. 가령 남북조 시대 혈통의 순행과 역행이 있었지만, 그가 보기엔 어디까지나 일본 내에서의 변동에 불과했다. 따라서 "혈통이 이어지는 것에만 주목해서 그 이어지게 한 방법을 버리고 논하지 않을 때는 충도 불충도 의도 불의도 없다"는 것이 후쿠자와의 입장이다. 그렇다면 후쿠자와가 계속해서 말하는 국체란 대체 무엇을 가리키는가?

후쿠자와는 국체는 국가의 근본이며, 정통이나 혈통은 이에 부수해서 성쇠를 같이 하는 것으로, 국체의 금구무결(金甌無欠)[완전무결]이란 "개벽 이래 국체를 온전히 해서 외국인에게 정권을 빼앗기지 않은 것 한 가지 일에 있을 뿐"이라고 한다. 따라서 영국을 비롯한 서구 열강이 일본국의 주변에서 폭주하는 현실에 직면해 일본의 국체를 지키기 위해서는 오로지 일본의 정권을 잃지 않아야 한다. 후쿠자와에 따르면 일본이 정권을 잃지 않기 위해서는 인민의 지력(智力)을 향상해야만 하는데, 이를 위해서는 옛 습관의 혹닉(惑溺)에서 벗어나 서양 문명을 받아들일 필요가 있다.

여기에서 혹닉이란 실제의 목적을 상실한 채 습관적으로 행위하는 것을 의미하는데, 과거에는 필요에 의해 만들어졌지만 지금은 필요가 없어졌음에도 그대로 행위하는 것으로 후쿠자와는 이를 허위(虛威)라고 한다. 그리고 이 허위가 '위계, 복식, 언어, 문서'와 같은 것들을 만들어 '신권 정부'의 전제를 가져왔으며, 인민들은 그런 허위에 현혹당해 맹종하게 됐다고 한다.

이와 같이, 후쿠자와의 국체론은 만세일계를 내세워 세계의 유일무이한 천황제 국가를 국체로 표방한 메이지 신권정부에 대한 날카로운 비판이기도 하며, 낡은 습속에서 벗어나 서양 문명으로 무장한 국민주의의 창출이라고도 할 수 있다.

03

'일신'과 '일국'의 독립 그리고 학문의 즐거움

"하늘은 사람 위에 사람을 만들지 않고,
사람 아래 사람을 만들지 않는다"라고 한다. …
현명한 사람과 어리석은 사람의 차이는
배움과 배우지 않음에 달려있는 것이다.

– 『학문의 권장』

후쿠자와 유키치는 오사카 나카쓰번(中津藩)에서 창고 물품의 관리를 담당하던 후쿠자와 햐쿠스케(福澤百助)의 둘째 아들로 태어났다. 그의 아버지는 녹봉이 13석에 불과한 하급 무사로 오사카의 쿠라야시키(藏屋敷)[에도시대, 지방의 다이묘가 보내온 공물을 저장하는 창고]에서 창고 물품의 출납을 담당했는데, 본래 학문에 뜻을 두어 많은 서적을 탐독했다고 한다. 그러나 햐쿠스케는 유키치가 태어난 지 얼마 지나지 않아 학자의 꿈을 이루지 못한 채 세상을 떴다. 아버지가 사망하자 후쿠자와 일가족은 고향인 나카쓰로 귀향했다.

후쿠자와는 어려서 아버지가 사망했기 때문에 아버지에 대한 기억은 전혀 없었지만, 어머니로부터 봉건적인 문벌제도의 굴레 속에서 학문의 뜻을 펼치지 못한 채 돌아가신 아버지의 한 맺힌 삶에 대한 이야기를 들으면서 자랐다고 한다. 이로 인해 그는 훗날 자서전에서 "문벌제도는 아버지의 원수다"라고 언급할 정도로 문벌제도에 대한 불만으로 가득 차 있었다.

"하늘은 사람 위에 사람을 만들지 않고, 사람 아래 사람을 만들지 않는다"라고 한다. 그렇다면, 하늘이 사람을 만들었을 때 사람은 모두 동일한 신분이므로 태어날 때부터 상하귀천의 차이는 없는 것이다. … 그러나 오늘날 널리 우리 사회를 살펴보면, 현명한 사람이 있고 어리석은 사람이 있어… 그 양상이 하늘과 땅만큼 차이가 나는 이유는 무엇인가? … 현명한 사람과 어리석은 사람의 차이는 배움과 배우지 않음에 달려 있는 것이다.

-『학문의 권장』

『학문의 권장』은 하늘 아래 인간은 모두 평등한 권리를 지닌 존재임에도 불구하고 현실적으로 신분의 귀천이 존재하는 이유는 무엇일까에 대한 의문으로 시작한다. 후쿠자와는 현실적인 귀천의 차이가 발생하는 원인을 배웠는가 배우지 않았는가에 있다고 보았다. 즉, 사람의 차이는 태어나면서부터 정해지는 것이 아니라 학문에 정진했는가 아닌가에 달려있다는 것이다. 그렇다면 인간은 왜 학문을 해야 하는가?

후쿠자와는 인간과 국가 모두 하늘의 도리에 따라 어느 것에도 구속되지 않는 자유를 가지고 있다고 한다. 따라서 개인의 자유를 침해하거나 국가의 자유를 구속하는 것이 있다면 그것이 무엇인가에 관계없이 저항하는 기본정신이 필요하다는 것이다. 그런데 인간이 만민평등이라는 기본정신을 가지고 천리를 따라 순행하기 위해서는 그 본분에 걸맞은 재주와 덕행을 갖출 필요가 있고 이를 위해서는 사물의 이치를 알아야 하는데, 사물의 이치를 알기 위해서는 글자를 배우는 등 학문을 서둘러야 한다고 한다. 그렇다면 학문이란 무엇인가?

후쿠자와에 따르면, 학문은 어려운 문자를 알거나 난해한 고문을 읽어나가는 등의 일상생활과 동떨어져 있는 것이 아니라, 인간이 일상생활을 영위하는 데 필요한 산수, 지리학, 물리학, 역사학, 경제학 등의 실용적인 학문, 즉 실학(實學)을 가리킨다. 이 실학은 인간이라면 상하귀천 할 것 없이 누구나 쌓아야 할 소양으로, 사람은 이 학문을 통해 가업을 꾸려나감으로써 일신을 독립하고 일가를 독립하며 일국을 독립해 나가야 한다는 것이 그의 주장이다. 일신과 일가, 일국의 독립은 후쿠자와가 실학을 중시한 가장 핵심적인 사항이라고 할 수 있다. 그는 일본이 영국, 프랑스, 아메리카 등 서구 열강의 식민지가 되지 않기 위해서는 실학이 필요하다고 하면서 다음과 같이 언급한다. "현재 일본의 상황에서 외국에 미치지 못하는 것을 열거하면, 학술, 경제, 법률 세 가지이다. 이 세 가지가 발달하지 않으면 독립을 유지할 수 없다는 것은 누구나 아는 사실이다."[제4편] 따라서 "상업을 발전시키고 법률을 논하며, 공업을 일으키고 농업을 장려해서, … 일본의 독립을 견고하게 다진 후에 외국과의 경쟁에서 조금도 양보하지 말아야 한다."[제5편]

이와 같이, 후쿠자와에게 학문은 일본의 독립을 견고히 하려면 꼭 필요한 것이다. 그는 『문명론의 개략』에서 일본은 개벽 이래 지금까지 국체를 온전히 보존해 왔다고 언급하며, 마치 개벽 이래로 일본이라는 국가가 독립적으로 존재해 온 것처럼 묘사하며, 일본이라는 국가가 외국으로부터 치욕을 당하는 경우라면 "모든 국민들은 목숨을 바쳐서라도 국가의 명예를 굳건하게 지켜야 한다"고까지 주장한다. 우리는 이렇게 국가의 독립을 위해서라면 국민은 목숨이라도 바쳐야 한다는 그의 주장 이면에 국가주의적 성향이 짙게 드리워져 있는 것을 발견할 수 있다.

다만, 그것이 맹목적으로 국가주의를 지향하는 것은 아니다. 후쿠자와는 에도시대 일본뿐만 아니라 아시아 여러

나라에서는 '군주를 민의 부모'라고 하거나 '인민을 군주의 신, 또는 적자'라고 하여 군주의 전제정치를 당연하게 여기는 명분으로 삼았다고 비판한다. 문명사회에서 개인과 개인이 서로 동등한 권리를 갖는 것처럼 국가와 국민 간의 관계 역시 동등해야 한다는 것이다. 나아가 그는 국가란 국민 한 사람 한 사람이 모여 이루어진 것으로 국가가 독립하기 위해서는 국민 개개인이 모두 일신의 독립을 지켜야 한다고 주장한다. 다시 말해, 국민 개개인 일신의 독립이 없다면 국가 일국의 독립도 보장하기 어렵다는 것이다. 그렇다면 일신의 독립은 어떻게 가능한 것인가?

후쿠자와는 일신의 독립을 국민이 정부에 의지하지 않고 자립할 수 있는 상태로 보았다. 그 상태의 국민은 더 이상 정부를 두려워하지 않게 되며 오히려 정부와 협력해서 일을 추진해 나갈 수 있다. 여기에서 독립이란 자신이 자신의 몸을 다스려서 타자에 의지하려는 마음이 없는 것을 말한다. 『학문의 권장』에서 실학의 중요성을 제기한 것도 바로 이러한 연유에서이다. 후쿠자와는 유년 시절 어려운 가정 형편으로 인해 집안의 창호지를 바르거나 다다미를 교체하는 등의 집안일을 직접 했으며, 도검을 세공하는 등의 노동을 해서 가계를 도왔다. 이러한 경험은 그가 일신의 독립을 논하는 기반이 됐다고 하는데, 이 경제상의 독립 위에 비로소 정신적 독립이 가능했던 것이다.

후쿠자와는 이렇듯 경제적인 독립을 매우 중요하게 생각하면서도 정신적인 독립을 독립의 완성으로 보았다. 특히 국민에게 정신적 독립 의지가 없다면 외형적인 문명은 무용지물이 되어버릴지도 모른다는 위기의식이 있었다. 그래서, 그는 메이지 초기 일본 정부가 지속적인 노력 끝에 외형적으로 문명의 형태는 갖추게 됐지만, 일본의 독립을 굳건히 하고 외국과 경쟁하려는 일본인은 없다며 일본인이 정신적으로 독립 의지가 결여됐음을 비판했다. 이 독립의지가 바로 문명의 정신이며, 이것이 없이는 아무리 문명의 외형을 갖추었다 해도 그다지 의미가 없다는 것이다. 하늘 아래 모두가 동등한 권리를 갖고 있는 개인들이 실학을 통해 자립의 기반을 구축하고 나아가 이를 바탕으로 일국의 독립을 향유하는 것, 이것이 바로 후쿠자와가 추구한 학문의 즐거움이 아니었을까.

천황에 대한 논의와
그 추이

제실(帝室)〔황실〕은 정치 세계의 외부에 있다. …
일본 제실은
일본 인민의 정신을 포용하는 중심이기 때문에
그 공덕은 지극히 크다고 하겠다.

– 『제실론』

일본사에서 천황이라는 칭호가 처음 등장한 것은 7세기 말이지만, 일본 국민 모두에게 절대적인 존재로 각인되기 시작한 것은 메이지 유신 이후다. 그 이전까지 일본인들의 삶 속에 별다른 영향을 미치지 못하던 천황은 '일본'이라는 근대 국민국가의 정체성을 확립하는 절대적 존재로 등장 하게 됐다. 메이지 정부가 '대일본제국은 만세일계의 천황 이 통치한다'라고 규정한 것에서 알 수 있듯이 근대 '일본' 은 천황제 국가로 그 시작을 알렸다.

에도시대 일본 열도에 거주하던 사람들은 '일본인'이라 는 의식보다는 자신이 속한 '번'의 속민이라는 의식이 지배 적이었다. 그들에게 있어 번은 곧 국가였으며, 그 외의 세 계는 존재하지 않았다. 이러한 번을 초월해서 '일본'이라는 '국가의식'을 심어주기 위해 메이지 정부는 천황을 적극적 으로 이용하게 된다. 천황은 전국을 순행하며 사람들에게 자신의 존재를 드러내면서 가는 곳마다 자신의 통치가 현 실적으로 미치고 있다는 선전을 각인시켰다. 나아가 메이 지 정부는 천황과 국가에 대한 충효 교육을 진행했다. 이리 하여 제국헌법 체제하에서 일본은 신이 다스리는 신국(神 國)으로 미화됐으며, 만세일계의 천황에 대한 충성은 마치 고대부터 일본인의 전통이었던 것처럼 강조됐다. 이른바 '전통'의 발명이다.

메이지 정부는 일본의 국민을 통합하기 위한 장치로 신도를 국교로 제정하고 아마테라스 오미카미(天照大神)를 황실의 조상신으로 삼아 일본 국민의 태고의 유산이라고 주창했다. 나아가 천황은 신도의 최고 신관이며 충성과 헌신을 바치는 대상이 되어 천황을 위해 죽는 것은 일본인의 최고의 명예로 선전됐다. 이 국가신도의 상징 중 또 하나가 바로 야스쿠니신사(靖国神社)이다. 메이지 유신을 전후로 해서 신정부를 위해 싸우다 순국한 전사자의 영혼을 모시기 위해 세워진 야스쿠니신사는 천황제 국가인 일본의 정체성을 확립하는 데 매우 유효한 장소였으며, 오늘날에는 일본 군국주의의 상징으로 작동하고 있다.

메이지 정부가 정치적으로 천황을 적극적으로 이용하는 것에 대해 후쿠자와는 『제실론(帝室論)』에서 "제실[황실]은 정치 세계의 외부에 있다"고 전제하고 일본의 정치 세계에 관여하는 자들이 천황의 존엄과 신성을 남용해서는 안 된다고 비판한다.

제실(帝室)은 정치 세계의 외부에 있다. ⋯ 제실은 정
치상의 중요한 사항 전체를 통일적·조화적으로 다
스리는 존재이지 개개의 문제를 일일이 처리하는 존
재는 아니다. ⋯ 사회의 안정과 혼란의 원인은 항상 외
형에 있는 것이 아니라 정신에서 생겨나는 것이 많다.
일본 제실은 일본 인민의 정신을 포용하는 중심이기
때문에 그 공덕은 지극히 크다고 하겠다.

- 『제실론』

물론 후쿠자와는 왕정복고의 슬로건을 내걸고 통치상
천황을 전제로 내세운 근대국가 일본의 정치 상황을 부인
한 것은 아니다. 그럼에도 제실은 정치 세계의 외부에 있다
고 전제한 이유는 무엇인가? 후쿠자와의 관심은 『문명론
의 개략』에서 언급한 "일신 독립해서 일국 독립한다"는 유
명한 명제에서 알 수 있듯이 천황제 국가 일본의 국체를 독
립한 인민의 기반 위에서 세울 것인가 아니면 천황에 대한
충성스러운 신민들의 심정적 통합에 의존할 것인가에 있
었다. 그런데, "일본에는 정부는 있어도 국민[네이션]은 없
다"고 한 것에서 알 수 있듯이 일본 역사 속에서 인민은 주

체적 지위를 차지하지 못했는데, 이것이 결국 "일신 독립해서 일국 독립한"는 문명사회를 구축하는 데 최대 장애 요인으로 인식됐다. 『제실론』은 이러한 문제의식 속에서 제기된 것이다.

본래 후쿠자와는 『문명론의 개략』에서 천황을 지존(至尊), 장군(將軍)을 지강(至强)으로 묘사하며, 일본은 중세 무가정권이 성립한 이래 권위와 권력이 이원적으로 분리됐고, 이는 일본인들에게 사상의 자유를 낳는 요행을 가져다 주었다고 한다. 그러나 메이지의 새 왕정이 정치의 최고 통솔자인 동시에 신도(神道)의 최고 제사장으로서, 이른바 '제정일치' 체제로 출발하는 것에 대해, 이렇게 되면 일본의 인민은 사상의 자유를 가질 수 없게 되어 지금의 일본도 장래의 일본도 존재하지 않을 것이라고 언급한다. 여기에서 후쿠자와는 황실이 권위와 권력을 모두 갖는 것에 대해 비판적 견지를 고수했음을 알 수 있다.

다시 『제실론』으로 돌아와서 그는 황실은 정치에 관여하지 말고 사회의 안녕을 유지하며 국민의 정서를 포용하는 역할을 해야 한다고 언급하고 그 이유에 대해 다음과 같이 말한다.

우리 일본 국민의 경우 수백 년간 군신정의(君臣情誼)
의 공기 속에서 살아왔기 때문에 정신 도덕 부분은 오
직 이 정의(情誼) 한 점에 달려있다. 이 점에 의지하지
않으면 국가의 안녕을 유지할 방책은 없을 것이다.

-『제실론』

후쿠자와는 이것이야말로 일본 황실이 소중하며 '지존
(至尊)·지중(至重)한' 이유라고 언급한다. 정치 세계에 관여
한 자들이 천황의 존엄과 신성을 남용해서는 안 된다고 비
판하고 있지만, 제실을 '일본 인민의 정신세계를 포용하는
중심'으로 보고 일본 사회의 안녕을 유지하는 데 황실의 공
덕이 지극히 크다고 인정하고 있는 것에서 그 역시 황실을
이용하고 있는 셈이다. 다만,『문명론의 개략』에서 황실과
인민은 아무런 교제를 하지 않았다고 한 데 비해 여기에서
황실과 인민의 관계를 군신정의로 보고 있는 것은 커다란
변화라고 할 수 있다.

더욱이 후쿠자와는『제실론』에서 황실의 역할은 인심을
포용하는 데 머무는 것이 아니라 교육·학문을 일으키는 데
앞장서야 한다고 주장한다. 후쿠자와의 교육·학문에 대한

자세는 문명사회로의 진보, 특히 근대국가로서 일본의 독립을 유지하기 위한 힘의 원천으로서 형성됐다. 그는 『학문의 권장』에서 "우리 일본국인이 학문에 뜻을 두어 기력을 견고히 해서 우선 일신의 독립을 도모하고 나아가 일국의 부강을 이룩할 수 있다면 어찌 서양인의 힘을 두려워하겠는가!"라고 기백 넘치게 교육·학문의 발전을 기도한다.

후쿠자와는 메이지 정부에서 문부성이 교육·학문을 장려하고 있지만, 문부성 직할 학교는 매우 적어 전국의 학사를 양성하기에는 충분하지 않기 때문에 "제실이 왕성하게 학교를 일으켜 세우고 그것을 제실의 학교로 하지 말고 사립 자격을 부여해… 우리 일본의 학술을 정치 외부에 독립시켜야 한다"고 주장했다. 즉, 정치와 학문을 분리하기 위해 황실을 이용해야 한다는 것이다. 그러나 정치와 학문을 양립하기 위해 황실을 이용한다는 상황 판단에는 정치와 교육·학문도 천황에 수렴되어 간다는 천황제 국가의 지배 논리를 간파하지 못한 실책 역시 내포하고 있다.

천황을 정치 세계의 외부에 위치시켜 두고 인심을 포용한다는 후쿠자와의 천황관은 청일전쟁을 둘러싸고 국내외 위기감이 고조되는 가운데 크게 변화한다. 1885년 「탈아론」을 발표해서 아시아 진출을 단호히 진행해야 한다는 입장을 내세웠던 그는 청일전쟁이 발발하자《지지신보(時事新報)》에 전쟁을 고양하는 논조의 글을 발표해 정부와 병사를 격려해서 천황을 위해 싸울 것을 제창하고 황군의식을 고취했다.『제실론』에서 황실이 정치에 이용되는 것을 방지하기 위해 정치세계의 외부에 위치해야 한다는 구상을 한 후쿠자와는 청일전쟁의 발발과 함께 자신의 논조를 뒤엎고 전쟁을 위해 천황을 최대한 이용하자는 입장으로 선회한 것이다.

05

'탈아론'과
아시아와의 관계

불행하게도 이웃 나라에 하나는 지나[중국],
하나는 조선이 있는 것이다. …
악우(惡友)와 친하게 되는 자는
함께 악명을 피할 수 없다.
나는 진심으로
아시아 동방의 악우를 사절하는 바이다.

– 「탈아론」

「탈아론」은 1885년 3월 16일자《지지신보(時事新報)》에 게재된 논설이다. 이 논설은 당초 독자들에게는 그다지 큰 반향을 불러일으키지 못했지만, 이후 메이지 일본의 타이완·조선 식민지화, 나아가 중국 대륙 및 동남아시아 침략 등 일본의 대아시아 침략 정책의 계기가 됐다는 점에서 비판적으로 읽히면서 널리 알려지게 됐다. 이 「탈아론」은 후쿠자와 유키치가 직접 썼는지 여부 역시 논란의 대상이 되고 있지만, 적어도《지지신보》의 사주인 후쿠자와의 의사가 논설의 논조에 전체적으로 반영됐을 것으로 보인다.

「탈아론」은 1884년에 발발한 갑신정변의 실패를 계기로 쓰여진 것으로 보여진다. 갑신정변은 김옥균(金玉均), 박영효(朴永孝), 홍영식(洪英植) 등 조선의 개화파 사대부들이 일본 공사 다케조에 신이치로(竹添進一朗)의 협력하에 일으킨 정변으로, 청나라를 중심으로 하는 종래의 조공-책봉 체제를 따르고자 하는 수구파 세력을 물리치고 신정권을 수립해 입헌군주제 국가를 세우고자 시도한 것이다. 위로부터의 개혁으로 일컬어지는 이 정변은 수구파 세력의 요청을 받은, 압도적인 군사력을 바탕으로 한 청나라의 개입으로 인해 삼일천하로 끝나고 만다.

후쿠자와는 1881년 자신이 설립한 게이오기쥬쿠(慶應義塾)에 입학한 최초의 일본 유학생인 유길준(俞吉濬)으로부터 조선의 사정을 전해 들었다고 한다. 그는 1882년 3월 1일자《지지신보》의 사설「조선과의 교제를 논함」이라는 글에서 일본은 강대국이고 조선은 약소국으로 일본은 이미 문명 세계로 나아갔지만 조선은 여전히 미개한 상태에 있다고 언급하면서, 서세동점의 위기 속에서 아시아를 지켜나가기 위해서는 아시아의 맹주를 자처하는 일본이 조선을 문명개화로 이끌 필요가 있다고 말한다. 그는 임오군란(壬午軍亂) 이후 조선에 대한 청나라의 영향력이 더욱 강해지는 상황에서[이를 후쿠자와는 조선이 독립한 일국에서 청나라의 일개 성이 된다는 의미에서 '폐국치성(廢國治省)'이라는 표현을 사용한다.] 일본의 안위를 위해서는 무력을 사용해서라도 조선의 사정에 개입할 필요가 있다고도 주장한다.

이리하여 그는 임오군란 이후부터 박영효·김옥균 등을 만나 조선의 개화에 대해 자문을 하면서 조선의 개혁 문제에 대해 깊숙이 관여했던 것으로 보인다. 마침 1882년 9월 임오군란의 사죄사(謝罪使)로 일본을 방문한 박영효 일행은 후쿠자와를 만나 조선의 근대화 추진을 위한 인재를 추천해 줄 것을 의뢰했다. 이에 후쿠자와는 자신의 문하생인 우시바 타쿠조(牛場卓造) 등을 소개해서 박영효 일행과 동행하게 했다. 후쿠자와는 1883년 1월 13일부터 3회에 걸쳐《지지신보》에 연재한 「우시바 타쿠조군 조선에 가다」라는 사설에서 우시바 타쿠조에게 학자의 입장에서 조선의 고루한 유학자들을 계몽해서 함께 문명개화의 길을 걸어 나갈 수 있게 되기를 희망한다고 언급했다. 그러나 이러한 희망은 갑신정변의 실패 이후 조선에서 개화파가 일소되면서 깊은 유감으로 변하게 된다.「탈아론」은 이러한 분위기 속에서 나온 것이다.

우리 일본의 국토는 아시아 동쪽 끝자락에 있지만, 그 국민정신은 이미 아시아의 고루함을 벗어나 서양 문명으로 옮겨갔다. 하지만 불행하게도 이웃 나라에 하나는 지나[중국], 하나는 조선이 있는 것이다. … 오늘날 계책을 생각건대 우리나라[일본]는 이웃 나라의 개명을 기다려 함께 아시아를 일으킬 여유가 없고 오히려 그 대오에서 벗어나 서양 문명국과 진퇴를 같이해, 지나·조선에 접하는 법도 이웃 나라이기 때문에 특별

한 해석이 미치지 못하고 바로 서양인이 이에 접하는
것에 따라서 처분해야 할 뿐이다. 악우(惡友)와 친하게
되는 자는 함께 악명을 피할 수 없다. 나는 진심으로
아시아 동방의 악우를 사절하는 바이다.

- 「탈아론」

「탈아론」은 약 2,000자 정도의 사설로 크게 두 단락으
로 구성되어 있다. 첫 번째 단락에서는 교통의 발달과 함께
격렬한 기세로 아시아를 향해 다가오는 서양 문명에 저항
하는 것은 어려운데, 그러한 국제정세 속에서 아시아에서
는 오직 일본만이 아시아적 가치관에서 벗어나 문명화를
향해 노력하고 있음을 언급하며, "아시아 전 대륙에서 새
로운 중심축으로 등장한 일본이 주의로 삼아야 할 것은 오
직 탈아(脫亞) 두 글자뿐이다"라고 언급한다. 「탈아론」에서
'탈아'라는 단어는 여기에서 유일하게 등장한다.

두 번째 단락에서는 아직 문명화의 길을 걷고 있지 않은
청나라와 조선에 보조를 맞출 필요 없이 일본은 서양 문명
국과 함께 나아갈 것을 촉구한다. 즉, 일본은 비록 아시아
의 동쪽 끝에 위치함에도 국민정신은 이미 서양 문명으로

옮겨갔는데, 불행하게도 이웃 나라인 청나라와 조선은 서양의 근대 신문물을 마주하고도 받아들이려 하지 않고 여전히 유교적 구습에서 벗어나지 못하고 있음을 비판적으로 바라보는 것이다.

청나라와 조선은 서구 문명의 외압 속에서 독립을 유지하지 못하고 앞으로 몇 년 후에는 세계 문명국에게 분할될 것이다. 따라서 일본은 이웃 나라의 개명을 기다려 함께 아시아를 일으킬 여유가 없으니 그 대오에서 벗어나 서양 문명국과 어깨를 나란히 해야 한다. 그러면서 후쿠자와는 아시아의 악우에 물들어 나쁜 길로 접어들기 전에 "나는 진심으로 아시아 동방의 악우를 사절하는 바이다"라는 유명한 말로 글을 끝맺는다.

이러한 '탈아'론은 후쿠자와가 그동안 『학문의 권장』이나 『문명론의 개략』 등에서 언급한 바 있듯이 청나라와 조선과 함께 일본이 '함께 아시아를 일으킨다'는 '흥아(興亞)' 사상에서 일변했음을 보여주는 것이다. 그러나 한편, 일본의 국체를 보존하기 위해서라면 국민은 목숨까지 바쳐야 한다고 주장한 바 있듯이 국가주의적 성향을 지닌 그의 입장에서 보면 '탈아'와 '흥아'는 결국 큰 차이가 없다.

「탈아론」발표 이후 후쿠자와는 조선의 문제에 대해 어떠한 관심을 보였는가? 갑신정변 실패 이후 청일 양국은 사후 처리를 둘러싸고 교섭을 벌였다. 교섭의 주요 논점은 청일 양군의 동시 철수 및 이후 군대 파견 방식을 결정하는 문제 등이었다. 당초 일본은 청나라에 대해 조선을 향한 제삼국의 침략을 제외하고 청일 양국은 군대를 파견하지 않는다는 조항과 갑신정변 당시 피해를 입은 일본인 상인에 대한 책임과 보상 문제 등을 제기했으나, 1885년 5월에 체결된 톈진조약에서는 일본 측의 주장은 받아들여지지 않고 향후 조선에 군대를 파견할 때에는 상호 통지를 한다는 것만 체결됐다.

톈진조약 체결 이후 후쿠자와는 1885년 8월 13일자 《지지신보》에 「조선 인민을 위해 그 나라의 멸망을 축하함」이라는 사설을 게재했다. 이를 통해 조선의 인민이 정부로부터 사유재산, 생명 그리고 영예(榮譽)를 보호받지 못한다면, 조선에 세력을 뻗치고 있는 러시아나 영국의 지배를 받는 것이 조선 인민에게 더 행복한 일은 아닌가 하는 역설적인 주장을 하고 있다.

「탈아론」에 대해 일본의 저명한 사상가 마루야마 마사

오(丸山眞男)는 후쿠자와 자신이 관련된 갑신정변이 삼일천하로 끝난 것에 대한 실망감과 일본, 청나라, 조선이 각각의 입장에서 갑신정변의 결과를 방관하고 이용하고 있다는 초조함에서 나온 것으로 읽어야만 한다고 평가했다. 「탈아론」에 관해서는 여전히 다양한 평가가 나오고 있지만, 조선의 문명개화를 위해서는 서구 열강의 지배를 받는 것이 오히려 축하할 일이라는 언설에서 볼 수 있듯이 「탈아론」은 반개의 나라들은 서양 문명을 받아들여 근대화를 추진해야 한다는 『문명론의 개략』의 주장과 그다지 차이가 없는 것이다.

PART 3

량치차오

중국 근대화의
발화점

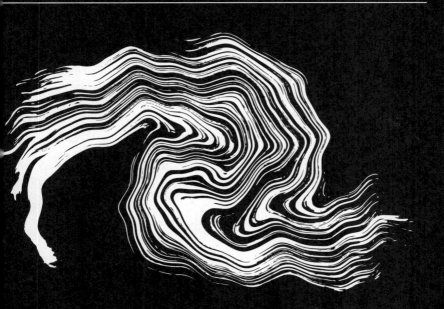

량치차오 梁啓超 1873~1929

　광둥성(廣東省) 신후이현(新會縣) 출신으로 호는 임공(任公), 자는 탁여(卓如)이다. 청말 민국시기의 대표적인 개혁사상가이자 언론인으로, 중국 근대화 과정에서 그의 이름을 빼놓을 수 없을 만큼 중요한 역할을 수행했다.

　그는 어려서부터 뛰어난 학문적 재능을 보였으며, 캉유웨이(康有爲)의 문하에서 수학했다. 도중 변법자강운동(變法自強運動)에 참여했으나 실패한 후 일본에 망명했다. 이후 서구 사상을 적극적으로 수용해 다양한 언설을 통해 중국인들에게 근대 국민의식과 개혁의 필요성을 주창했다. 신해혁명(辛亥革命) 이후 귀국해서는 입헌파 지도자로 활약하면서 정치 개혁에 참여했으며, 다양한 분야의 연구에 몰두해서 정치학, 역사학, 경제학 등 다방면에서 뛰어난 학문적 업적을 남겼다.

　량치차오는 중국 근대 사상과 학문 발전에 지대한 영향을 미쳤으며, 그의 사상은 이후 중국의 개혁운동에 커다란 영향을 주어 '중화유신(中華維新)의 빛'이라 평가받고 있다.

'중국사'의
창출

내가 가장 부끄럽게 생각하는 것은
우리나라에는 국명이 없다는 것 하나이다. …
나는 우리의 습관에 따라서
'중국사(中國史)'로 부르고자 한다.

－「중국사서론」,『음빙실문집』

량치차오는 스승인 캉유웨이와 함께 일으킨 변법자강운동이 서태후의 정변으로 실패로 돌아가자 일본으로 망명했다. 일본에 도착한 그는 변법운동이 실패한 원인을 돌이키는 가운데, 문명 진보적 차원에서 중국이 유럽에 비해 뒤떨어진 원인을 '국체(國體)'의 차이에서 찾았다. 유럽은 로마제국 이래 열국이 병립하면서 생존경쟁을 위해 국가와 국민이 노력해 진보를 이룩한 반면, 중국은 진·한제국 이래 통일 제국을 이루어 국가의식이 없고 위정자는 단지 백성들을 억압해 혼란을 방지하려고만 했다.

또한 유럽은 근래까지 신분제도가 존재하여 다수의 평민이 소수의 귀족 계급에 저항하면서 국민의 기세가 날로 강해진 반면, 중국은 이미 오래전부터 누구나 자신의 능력에 따라 출세할 수 있었기 때문에 사람들은 억압적인 사회구조에 대한 문제의식이 없이 오로지 자신의 부귀와 영화만 추구하여 유럽과 같이 국민으로서의 자각, 즉 민권(民權)의식이 성장하지 못했다는 것이다.

그러나 량치차오는 중국의 국체를 부정적으로만 본 것은 아니다. 중국이 수천 년 전에 이미 대일통(大一統)의 국가를 이루었다고 하는 주장의 이면에는 두 가지 중요한 암시가 담겨있다. 우선, 그 이전까지 역사상 전혀 존재하지 않았던 '중국'이라는 국가를 수천 년 전부터 존재한 것으로 전제한다는 점이고, 둘째로 그 '중국'은 분열됨이 없이 대일통의 국가를 형성했다는 것을 암묵적으로 주장한다는 점이다. 량치차오는 이 두 가지 사실을 은연중에 내세움으로써 자신이 구축하고자 하는 근대 국민국가로서의 '중국'을 전혀 이질감이 없는 본연의 것으로 환원했다.

내가 가장 부끄럽게 생각하는 것은 우리나라[중국]에는 국명이 없다는 것 하나이다. 일상적 호칭인 제하(諸夏)·한인(漢人)·당인(唐人) 등은 모두 왕조의 명칭에 불과하다. 진단(眞檀)·지나(支那)는 외국인이 호칭한 것으로 우리 스스로 명명한 것은 아니다. 하, 한, 당 등으로 우리의 역사를 명명하는 것은 국민을 존중한다는 취지에 어긋난다. 진단·지나 등으로 우리 역사를 명명하는 것은 이름은 주인을 따라야 한다는 이치를 상실한 것이다. 중국(中國), 중화(中華)라고 부르는 것은 확실히 자존자대(自尊自大)의 의미가 담겨있어 타국의 비판을 받을 수도 있다. 그러나 일개 성(姓)의 왕조 시대로 우리 국민을 욕되게 할 수는 없으며, 더욱이 외국인이 임시로 정한 것으로 우리 국민을 미혹시킬 수는 없다. 세 가지 모두 중용을 상실한 것이지만, 부득이하게 나는 우리의 습관에 따라서 '중국사(中國史)'로 부르고자 한다. 비록 다소 교만한 표현이지만, 민족이 각각 자신의 나라를 받드는 것은 오늘날 세계에 널리 통하는 것이다. 진실로 명칭[名]과 실질[實]을 통찰하는 것은 우리 동포의 정신을 환기시키는 하나의 길일 것이다.

- 「중국사서론」, 『음빙실문집』

이러한 전제하에 량치차오는 유럽 열강과 같이 중국의 국가의식과 국민의식을 고취하기 위해서는 왕조 중심의 전통적 역사의식에서 벗어나 내셔널 히스토리로서의 '국가사', '국민사'로의 전환이 필요하다고 역설한다. '중국사 (中國史)'의 필요성을 주창한 것은 바로 이런 연유이다. 량치차오는 중국의 전통적 역사학이 각 개별왕조를 중심으로 서술함으로써 "다만 군주가 있을 뿐 국민은 안중에 넣지 않았다"라고 비판하고 근대 중국의 미래를 짊어질 역사적 주체로서 '국민'을 내세운다. 그는 유럽에서 민족주의가 발달하고 문명이 날로 진보하는 데에는 사학의 공적이 절반을 차지한다고 평가하면서, 중국 역시 전통적으로 사학이 융성했으나 유럽에서와 같은 기능을 수행하지는 못했다고 비판한다.

왜냐하면, 중국의 전통사학은 (1) 조정(朝廷)이 있음을 알았으나 국가가 있음을 알지 못했고, (2) 개인이 있음을 알았으나 사회가 있음을 알지 못했고, (3) 과거의 사적이 있음을 알았으나 현재의 필요한 임무를 알지 못했고, (4) 사실이 있음을 알았으나 이상이 있음을 알지 못했다는 것이다. 따라서 그는 이러한 문제에 대한 해결 방안으로 진화론적 역사발전론을 바탕으로 개별 왕조사를 초월해 중국의 전체 역사를 포괄하는 개념으로서 '중국사(中國史)'를 제창한 것이다. 그가 중국의 전통사학을 국민의식, 국가의식이 결여됐다고 강하게 비판했던 것은 바로 시대를 관통하는 단선론적이고 진보적인 중국사를 창출하기 위해서였다고 할 수 있다. 량치차오를 근대사학, 신사학의 선구자라고 부르는 것은 바로 여기에서 기인한다.

그렇다면 '중국사'라는 단선적 구도 속에서 종래의 개별 왕조사를 어떻게 재구성할 수 있는가? 량치차오는 서양 역사의 시대구분법에 따라 중국사를 고대-황제(黄帝)에서 진나라의 통일, 중세-진나라의 통일에서 청대 건륭제 말기, 근대-건륭제 말기에서 현재라는 세 시기로 정리하고 구분했다.

이 시대구분을 통해 태초부터 이미 중국이 존재했다는 사실을 암시하고 있는데, 이는 근대 국민국가로서의 중국이 외부로부터 유입된 이질적인 것이 아니라 본원적이고 순수하다는 사실을 암암리에 주장하고 있는 것이다. 또한 그는 고대를 중국 속의 중국, 중세를 아시아 속의 중국, 근대를 세계 속의 중국이라고 하여 중국민족[한족 및 비한족의 결집체로서, 오늘날 중화민족을 가리킨다]을 역사의 주체로 부각시킨다. 나아가 량치차오는 황제 이전을 야만자유시대(野蠻自由時代), 황제에서 진시황까지를 귀족제정시대(貴族帝政時代), 진시황에서 건륭제까지를 군권극성시대(君權極盛時代), 건륭제에서 현재를 문명자유시대(文明自由時代)로 구분해 중국사를 야만에서 문명이라고 하는 단선론적이고 진화론적인 관점에서 파악하고 있다.

량치차오는 이러한 역사의식을 바탕으로 개별 왕조사를 초월한 '중국통사(中國通史)'를 집필하고자 했다. 유감스럽게도 '중국통사'를 집필하지 못하고 사망했기 때문에 구체적인 내용은 알 수 없지만, 그가 구상한 통사의 목차를 살펴보면, 역대 중국 왕조의 역사를 정치, 사회 및 경제 방면으로 구별해서 전체의 역사 흐름을 통시적으로 파악하고자 한 것을 알 수 있다. 특히, 정치 부분에서 민족과 지리를 우선적으로 배치하고 있는데, 여기에는 역사의 주체로서 민족의 중요성을 강조하고, 나아가 근대국가로서의 '중국'은 어디까지인가 하는 영토 관념을 암시적으로 선전하고자 하는 의도가 담겨있다고 할 수 있다.

량치차오의 '신사학'을 통한 역사의식의 개조는 '사학혁명'이라고 할 정도로 매우 과감하고 혁신적인 것으로 당시 사회 전반에 커다란 영향을 미쳤다. '신사학'이 발표된 후 얼마 지나지 않아 사회진화론을 바탕으로 한 통사 형식의 '중국사' 관련 저술이 다양하게 출판되어 민족역사의 부재를 외치는 담론이 사회 전반에 확산됐으며, 특히 근대 학제 개혁과 함께 다양한 종류의 '중국역사교과서'가 출판됐다는 점은 주의할 만하다.

민족주의에서
민족제국주의로의 지향

민족제국주의란 무엇인가?
그 국민의 역량이 내부에서 충만하여
밖으로 넘쳐날 수밖에 없게 되어,
다른 지역으로 급급히
그 권력을 확장해 가는 것을
자신의 귀착점으로 삼는 것이다.

- 「신민설」, 『음빙실문집』

량치차오는 인류의 역사를 가족주의 시대에서 족장주의 시대, 제국주의시대로 구분하고, 현재는 민족주의시대와 민족제국주의시대가 공존하는 시대이며, 미래에는 만국대동주의시대로 나아갈 것이라고 한다. 그는 19세기 이후에 등장하는 제국주의는 18세기 이전의 제국주의와 외형상은 유사하나 실체는 크게 다르다며, "예전의 제국은 군주를 주체로 삼기 때문에 독부(獨夫)의 제국이지만, 지금은 전 국민을 주체로 삼기 때문에 민족제국이다"라고 하여 예전의 제국과 현재의 제국을 엄격하게 구분한다.

> 　　민족주의란 무엇인가? 각지에서 종족을 같이하고 언어를 같이하며, 종교를 같이하고 습속을 같이하는 사람들이 서로를 동포로 여기고 독립과 자치를 힘쓰며, 완비된 정부를 조직해서 공익을 도모하고 다른 민족을 방어하는 것이 바로 이것이다. 이 민족주의의 발달은 이미 극에 달해 최근 20~30년 전[19세기 말]에 이르러서는 더욱 진보하여 민족제국주의(National Imperalism)가 됐다. 민족제국주의란 무엇인가? 그 국민의 역량이 내부에서 충만하여 밖으로 넘쳐날 수밖

에 없게 되어, 다른 지역으로 급급히 그 권력을 확장해 가는 것을 자신의 귀착점으로 삼는 것이다. …

민족제국주의란 고대 제국주의와는 판이하다. … 고대 제국주의가 한 개인의 영웅심에 의한 것이었다면, 민족제국주의는 민족의 팽창하는 힘에 의한 것이다. 고대 제국주의가 권위에 복속한 것이라 하면, 민족제국주의는 시세의 추이에 따른 것이다. 따라서 고대제국주의의 침략은 일시적인 것에 불과해서 이른바 폭풍우와 같이 날이 밝기도 전에 사라지지만, 민족제국주의의 진취는 유구하고 원대하여 나날이 확대되고 나날이 깊어진다.

－「신민설」,『음빙실문집』

따라서 량치차오는 민족의 생존 욕구와 경쟁에 의해 문명이 진보하며 등장한 민족제국주의를 추구하기 위해서는 우선 민족주의를 공고히 해나갈 필요가 있다고 한다. 그는 사회진화론적 관점에서 민족주의야말로 세계에서 가장 광명정대하고 공평한 주의라고 전제하고, 민족주의 단계를 경험하지 않은 국가는 진정한 국가라고 할 수 없다고 말한다. 태아에서 어린이를 거쳐 성인으로 성장하는 것처럼 국가 역시 민족주의를 거쳐 민족제국주의로 성장해 가야한다는 것이다.

그렇다면 중국에서 민족을 구성하는 주체는 누구여야 하는가? 이 문제를 논하기 전에 그가 생각하는 중국이 어떤 지역을 포괄하는 것인지 살펴볼 필요가 있다.

량치차오는 역사적, 지리적인 측면에서 중국이 포괄하는 지역을 크게 행정구역상 18개 성(省)으로 구성된 중심부와 만주, 몽고, 티베트, 신강 등의 주변부로 구분했다. 사실, 이들 지역은 청조 강희에서 건륭 시기에 지속적인 외정을 통해 확장된 영역으로 근대 국민국가의 영토와 같이 명확한 경계선이 있는 것은 아니었으며, 각 지역에 대한 통치력 역시 균질적으로 미쳤던 것이 아니다. 특히 중심부를 제외한 주변 지역은 이념상 황제의 지배질서를 문란하게 만들지 않는 한 '인지제의(因地制宜)'라고 하여 그 지역의 실정에 맞게 다스리는 자율적인 상태로 방임하는 자세를 취했다. 량치차오는 이들 지역을 중국이라고 하는 일체성을 띤 국토 관념으로 파악하고 포괄해 전통적 판도를 근대적 영토 개념으로 전환시켰다.

량치차오는 이 중국을 구성하는 민족의 주체를 둘러싸고 혁명파와 대립각을 세웠다. 당시 혁명파는 배만혁명(排滿革命)의 기치하에 중국을 한족의 중국으로 동격화시켜 만주족의 청조를 전복시키는 데 주력했다. 예를 들어 만주족을 타도하고 미국처럼 '중화공화국' 수립을 주창한 쩌우룽(鄒容)은 중국의 주체를 한족으로 규정했으며, 장빙린(章炳麟) 역시 중국은 한족이 개척한 것이니 만주족인 청조를 타도하고 한족만의 민족국가를 건설해야 한다고 주장했다.

량치차오는 이러한 혁명파의 주장을 편협한 '소민족주의'라고 비판하면서 중국이 당면한 위기를 극복하고 서구와 같은 민족제국주의로 나아가기 위해서는 만주족을 배척해서는 안 되며, 오히려 만주를 통합하고 만주를 이롭게 해야만 열강의 침략을 저지하고 국가의 기틀을 다질 수 있다고 말했다.

그렇다고 해서 만주를 무조건 옹호해야 한다는 것은 아니다. 그는 일찍이 스승인 캉유웨이(康有爲)에게 보낸 서신에서 민족주의가 창궐하는 현재 이 정신이 없이 국가를 세우는 일은 불가능하기 때문에 민족주의 정신을 환기할 수 있다면 만주를 공격하는 일도 불가피하다고 언급한 바 있다. 그는 만주를 배격하지 않고 한족을 포함한 제 민족이 규합할 때 비로소 중국의 민족주의가 발흥될 것이라고 보았는데, 이를 혁명파의 소민족주의에 대항해 '대민족주의'라고 명명했다.

량치차오가 주장하는 대민족주의는 혈통이나 언어, 풍속을 초월하는 것으로, "나는 중국인이다", "나는 중화민족의 일원이다"와 같이 스스로 자각하는 민족의식의 발현에 의해 구현된, 이른바 근대적 의미의 민족 관념이다. 량치차오는 이 주관적 민족의식에 의해 구성된 대민족을 '중화민족'이라고 명명하고 있는데, 이는 단순한 종족주의에서 벗어나 국민주의, 나아가 국가주의에 입각해 있는 것이다. 훗날 중국 혁명의 아버지로 추앙받고 있는 쑨원(孫文)이 중화민국 초기 한족을 포함한 제민족을 규합하는 통합의 상징으로 제창한 '중화민족론'은 바로 량치차오에 의해 제기된 것이다.

여기에서 주목할 사실은 혁명파의 배만혁명이 만주족 즉, 이민족의 지배를 거부함으로써 열강의 중국침략에 대해서도 반대하는 반제국주의적인 의미를 동시에 내포하고 있다면, 량치차오는 제국주의 자체를 부정하지 않을 뿐만 아니라 사회진화론적 관점에서 오히려 중국이 지향해 나가야 할 방향으로 삼고 있다는 점이다.

즉, "동방 대륙의 가장 큰 나라로서 가장 기름진 토양을 갖고 있지만, 가장 부패한 정부와 뿔뿔이 흩어져서 가장 미약한 국민이 있는" 중국을 구하기 위해서는 무엇보다도 민족주의국가를 건설해야 하며, 이것이 가능하게 되면 진화론에 입각해 명실상부하게 '천하제일의 제국'이 될 수 있을 것이라는 뚜렷한 희망을 제시하고 있다. 여기에서 제국은 바로 민족을 주체로 한 '민족제국'을 뜻한다.

그런데, 량치차오가 주장하는 대민족주의가 한족을 비롯한 제 민족이 동등한 입장에서 하나로 합쳐지는 것을 의미하지는 않는다. 그는 국내의 여러 민족 중에서 오직 한족만이 국민의 자격을 지니고 있기 때문에 어디까지나 한족이 중심이 되어 대민족을 조직해야 한다고 덧붙인다. 이는 결국 다른 민족을 배척하는 것은 아니지만, 한족을 중심으로 흡수 동화시키려고 했다는 점에서 혁명파와의 논리적 경계가 뚜렷하지만은 않다.

오늘날 중국은 개혁과 개방으로 인한 경제성장으로 인해 세계정치, 경제질서의 주역으로 급부상하고 있으며, 인

민의 생활은 이전과는 비교도 할 수 없을 정도로 풍요로워
졌다. 그러나 그와 함께 지역 간의 불균등한 경제발전 및
인민 간의 빈부격차, 민족문제 등 사회 전반에 걸쳐 갈등이
끊이지 않고 있다. 이러한 사회문제를 해결하기 위해 중국
정부는 종래의 '혁명론'을 대신해서 '중화민족론'을 내세
워 이론적으로 재무장하고 있으며, 또한 국가주의를 강조
하고 있다. 이 중화민족론은 량치차오가 일생을 바쳐 추구
했던 민족주의에 기반한 근대국가 건설 프로젝트가 여전
히 진행 중에 있다는 것을 말해준다. 중국의 근대국가 건설
은 여전히 역사적 의미를 함유한 현재진행형의 과제로서
살아있는 것이다.

국민국가 건설을 위한
국민경제 구축

국가의 흥망성쇠는
오직 국민경제 경쟁의 승패에 달려있다.

— 「중국입국대방침」, 『음빙실문집』

량치차오는 서구 문명사회의 거대한 역사적 변화의 동인을 고찰하던 중 자유주의 경제 이론 및 실천 가치에 주목해 서양 제국이 흥성한 원인을 경제학의 발명에서 찾았다. 그리고 금후 경제학 학설이 세계를 좌우하는 힘은 더욱 커질 것이기 때문에 국가의 흥망과 민족의 생존은 모두 이것에 달려있다고 했다.

> 국가의 흥망성쇠는 오직 국민경제 경쟁의 승패에 달려있다. 국민경제란 전 국민을 통합해 하나의 경제주체를 형성하는 것으로 국가의 힘을 빌려서 그 중추를 이끌어가지 않으면 진실로 불가하다. 이에 경제상의 침략과 경제상의 방어는 마침내 전 세계 정치가들이 서로 경쟁하는 가장 중요한 문제인 것이다. …
> 경제현상과 정치현상은 항상 불가분의 관계이기 때문에 무릇 경제상의 예속국은 얼마 가지 않아 반드시 정치상의 예속국으로 변하게 된다.
> ─「중국입국대방침」,『음빙실문집』

그는 근대 유럽 문명을 태동시킨 경제학의 등장에 애덤

스미스(Adam smith)의 역할을 중시했다. 즉, 애덤 스미스를 대표로 하는 자유주의 경제 사조가 서구 사회의 발전에 커다란 생명력과 활기를 불어넣었다는 점에서 자유방임주의 경제 정책을 주장한 고전학파의 역사적 역할을 높게 평가했다.

그러나 자유주의 경제 사조가 유럽을 치료 하는 데에는 명약이었지만, 중국을 치료하는 데에는 명약이 될 수 없다는 게 량치차오의 입장이었다. 오히려 그는 자유주의 경제 사조에 의해 공격을 받은 중상주의를 중국에 이식할 수 있다면 시대를 구할 둘도 없는 진리가 될 것이라 주장했다. 이러한 인식의 저변에는 자유주의 경제 사조 하에서 기계의 발명으로 인한 생산력의 비약적 발전과 생산비용의 절감 등으로 경제가 크게 발전했지만, 지나치게 과도한 경쟁으로 인해 심각한 사회문제가 야기된 것에 대한 비판적 시각이 내재되어 있다. 량치차오는 당시 유럽의 경제 사회는 자유 경쟁의 결과 자본가계급이 형성됐지만, 경쟁에서 패한 하층민은 나락의 늪에 빠져들었고, 자본가계급의 전횡에 대항하면서 결국 사회혁명론이 제창되는 문제를 낳았다고 지적한다.

그런데, 량치차오가 자유주의 경제 사조를 중국에 이식할 수 없다고 한 것은 단지 지나친 경쟁으로 인한 사회문제의 초래를 우려했기 때문만은 아니다. 오히려 자유주의 경제 사조 하에서 아직 자본주의 경제가 성숙하지 못한 중국에 외국의 대자본이 밀려들어 오게 되면 중국 시장은 그들에게 점령되어 영원히 빛을 보지 못하게 될 것이라는 사실을 우려했다. 나아가 외국의 경제적 침탈로 인해 중국에서도 사회주의 혁명이 일어나는 것을 경계했던 것이다.

그래서 량치차오는 자유주의 경제 사조가 지닌 본질적 문제를 해결하기 위해 중상학파의 간섭주의를 아울러 채택할 것을 제안하고 있다. 그는 중국이 당면한 국가적 위기를 극복하기 위해서는 국가적 차원에서 자본가를 장려하고 보호해, 다소 희생이 따르더라도 국가적 경쟁력을 높이는 데 주력해야 한다고 주장한다. 즉, 자본주의가 미성숙한 중국 경제의 국제 경쟁력을 높이기 위해서는 국가 주도하에 국민경제의 힘을 향상시킬 필요가 있다는 것이다.

량치차오는 "애덤 스미스가 말하는 경제는 개인을 본위로 한 것이지 국가를 본위로 한 것이 아니다. 그러므로 이 학설이 국민과 국가에 끼친 영향은 비록 적지 않으나 폐해

또한 뒤따랐다"라고 비판하며 개인 중심의 경제보다는 국가 중심의 국민경제를 우선해야 한다고 주장했다. 이는 량치차오의 경제관이 궁극적으로 국민국가 건설을 지향하는 자신의 정치적 과제와 무관하지 않음을 보여주는 것이다.

그렇다면, 자립하는 국민경제 구축을 위해 량치차오는 어떠한 방안을 제시했는가?

제일 먼저 살펴볼 것은 '트러스트(trust)'이다. 량치차오는 민족제국주의국가로 미국 경제가 새롭게 부상한 원인을 트러스트의 시행에서 찾는다. 즉, 트러스트 제도가 미국을 전 세계 금융 중심지로 우뚝 서게 만들었고, 그후 미국이 그 영향력을 확대해 나가고 있다는 것이다. 그리고 그 여파는 곧 중국에도 미칠 것이므로, 이에 대비하기 위해 자본력이 미약한 중국은 주식회사를 설립해야 한다며 그 필요성을 강력하게 제기했다.

량치차오는 적자생존의 경쟁에서 살아남기 위한 대자본을 형성하기 위해서는 주식회사 설립이 필수 불가결하다고 보았다. 그리고, 이를 위해서는 입헌정체에 의거한 법치국가 실현과 국민교육을 통해 공덕(公德)을 함양해야 하며, 나아가 증권거래소와 같은 기관을 수립하고 국민의 경영 능력을 증진할 필요가 있다고 역설했다. 그는 주식회사와 입헌정체 국가를 비교해서 중국의 실업진흥과 정치개혁은 분리할 수 없는 것으로 보았는데, 이는 곧 안정된 정치제도 위에 안정된 경제제도의 정착을 추구한 것이라고 볼 수 있다.

또한 국민경제의 실현을 위해 절실한 필요성을 느낀 것 중의 하나가 바로 폐제개혁이다. 그는 이 문제를 화폐 본위의 확립이라는 차원에서 제기했다. 화폐란 일종의 격식과 가치를 가진 단위인데, 중국은 전통적으로 동전을 제외하면 은량은 무게를 달아 사용했기 때문에 화폐를 사용해 왔다고는 볼 수 없었다. 따라서 은을 본위로 해서 폐제를 개혁할 필요가 있다고 량치차오는 주장했다.

실제로 청 정부는 청일전쟁과 의화단에 대한 배상금 지불 문제를 타개하기 위해 미국에 폐제개혁에 대한 도움을 요청했고, 1904년 젱크스(Jenks)의 '폐제개혁안'이 제출된 바 있다. 이 개혁안은 은화를 본위화폐로 삼고 별도로 금화에 대한 은화 비율을 1:32로 안정시킨다는 것인데, 량치차오는 이 젱크스의 개혁안을 긍정적으로 보았다. 이 개혁안은 비록 후광총독(湖廣總督) 장즈둥(張之洞)의 반대에 부딪혀 채택되지는 못했지만, 국민경제 구축을 위해서는 필수 불가결한 문제였다. 신해혁명 이후 귀국한 량치차오는 베이징상회에서 주최한 환영식에서 화폐와 실업의 관계를 논하면서 "폐제가 개혁되지 않으면 실업 또한 발달할 수가 없다"라고 하며 폐제개혁의 중요성을 적극적으로 주장한 것도 바로 그러한 배경에서다.

국민경제 구축을 위한 마지막 방안으로 량치차오는 관세 자주권을 주장했다. 관세란 국내 행정이기 때문에 독립된 주권을 가진 국가는 관세에 대한 권리를 장악해야지 외국에 위임해서는 안 된다는 것이다. 나아가 아편전쟁 이래 관세 자주권을 상실한 중국이 국내 산업을 보호하고 국가 재정을 안정화시켜 나가기 위해 관세 자주권에 기반한 보호무역정책의 필요성을 언급한 것으로 볼 수 있다.

국민경제 구축을 위한 량치차오의 다양한 개혁안은 국민국가 건설이라고 하는 거대한 우산 하에서 유기적으로 서로 연동하는 것이었다. 비록 그의 제안은 혼미해져 가는 정국 속에서 효율적으로 추진되지 못했지만, 이후 중국의 경제 재건을 위한 자양분으로써 커다란 영향을 미쳤다는 것은 부인하기 어렵다.

연방제론과
신중국 건설

우리나라는 대일통을 달성한 지
2,000년이 지나지만,
단일국·연방국의 문제는
아직 발생한 적이 없다. …
우리는 연방의 기초가 없으니
그 뜻은 비록 고상하나 결국 이상에 그칠 뿐이다.

– 「신중국건설문제」, 『음빙실문집』

청 말 각 성이 중앙정부에 대해 독립을 선언함에 따라 중국에서는 연방제를 통해 신중국을 건설해 나가자는 논의가 뜨겁게 일어난다. 량치차오는 이 연방제를 중국에 처음 소개해 연방제 논의의 단초를 제공한 인물이다. 중국은 수천 년간 독재정체였지만, 민간 자치 전통이 있기 때문에 각 지방을 자치단체로 해서 연방제를 도입한다면 단시간에 이상적인 국가가 될 수 있을 것이라는 희망을 량치차오는 가지고 있었다.

그러나 량치차오는 1903년 미국 화교 사회를 방문하고 나서, 중국인은 국가사상이 없고 시민의식이 부족하다는 이유로 자유를 기반으로 한 공화정체를 수용하는 데 비판적인 입장을 보인다. 여기에는 스위스의 법학자이자 정치가인 블룬칠리(Johann Kaspar Bluntschli)[3]의 국가관이 큰 영향을 미쳤다. 량치차오는 블룬칠리의 국가관에 입각해서 "국가는 유기체이며, 인위적인 것"이라고 하며 국가의 역사성을 강조했다. 그리고 이 국가는 군주의 창도 하에 신민이 추종하는 것을 통해 만들어지며, 국가는 인민을 변화시켜 하나의 새로운 민족을 조성한다는 것이다. 이러한 관점에서 중국은 영토가 광활한 데 비해 정치제도가 완비되지 않았으며, 비록 자치의 기풍은 남아있으나 서구에서처럼 완전한 자치기관을 찾아볼 수는 없기 때문에 연방제를 수용하는 데에는 한계가 있다고 보았다. 즉, 연방제 자체에 대해서는 호의적이나 중국의 실정에 맞지 않기 때문에 채택할 수 없다는 입장이었다.

> 우리나라는 대일통을 달성한 지 2천년이 지나지만, 단일국·연방국의 문제는 아직 발생한 적이 없다. … 연방국은 완전국가로 이행하는 과도기로 무릇 연방조직으로 국가를 세우는 것은 일시적으로 부득이한 것이지 종착지는 아니다. … 우리나라는 영토가 광활한 데 비해 정치 제도가 완비되지 않아, 가령 연방을 기초로 삼은 후에 완전한 중앙정부가 그 위에 세워진다면 정치의 밀도는 증가하고 인민의 행복은 증진될 것이니 이는 내가 추구하는 바이다. 그러나 우리는 연방의 기초가 없으니 그 뜻은 비록 고상하나 결국 이상에 그칠 뿐이다.
>
> ―「신중국건설문제」,『음빙실문집』

량치차오는 또한 연방이란 본래 여러 소국이 연합해서 대국이 되는 것인데, 중국의 경우에는 대국을 여러 소국으로 분할한 후 이를 연합해서 다시 대국을 도모하자는 것이기 때문에 자신이 연방론을 지지하지 않는 이유가 여기에 있다고 한다.

그런데, 량치차오가 유기체적 국가관에 입각해 강력한 단일제 국가 건설을 지향하면서도 연방제를 온전히 거부하지 못하는 배경에는 우창기의(武昌起義)[4] 이후 각 성이 독립을 선언하면서 연방제 국가 건설이 현실적 대안으로서 크게 부상하는 것에 대한 고뇌가 담겨있다.

예를 들어 청조 정부에 대해 최초로 독립을 선언한 산둥성(山東省) 자의국(諮議局)[청 말기 지방 의회]은 청조 정부에 제출한 8개조에서 "헌법에 중국은 연방정체로 한다" 등의 조문을 명시할 것을 요구했다. 1911년 11월 쑹자오런(宋教仁)이 기초하여 후베이군 정부(湖北軍政府)가 반포한 「중화민국악주약법초안(中華民國鄂州約法草案)」에서도 분권제적 공화국 방안을 제안하고 있으며, 이외에도 여러 성에서 중국은 영토가 너무 크기 때문에 연방제 국가로 나가야 한다는 제안이 앞다퉈 제기됐다.

쑨원 역시 1911년 11월 파리일보의 기자간담회에서 "중국은 면적이 넓고 인구가 많아 각 성의 정세가 다르니 정치상 중앙집권은 절대로 적합하지 않다. 오히려 미국의 연방제도가 가장 적합하다. 각 성의 내정은 각각 완전히 자유롭게 한다"는 내용을 언급한 바 있다. 그는 1912년 중화민국 임시대총통 취임 선언문에서 국가의 면적과 인구가 광활하고 많아서 각 성은 '스스로 그 풍기에 적합하게 한다', '지금 각 성은 연합하여 서로 자치를 도모한다', '이후의 행정은 중앙정부와 각성이 조율해서 처리한다'는 방침하에 연방제에 입각한 공화정부 수립을 제창했다.

이와 같이 전국적으로 연방제의 기운이 높아가는 가운데, 량치차오는 세계 국가의 추세와 중국이 나가야 할 길에 대한 분석을 통해 연방제 주장에 대한 비판적인 견해를 밝혔다. 그는 연방제를 주장하는 논자들의 견해를 세계사의 흐름에 역행하는 것으로 "진화론의 법칙에 의하면 스스로 패배를 자초하는 것일 뿐이다"라고 일축했다. 세계 정국의 추세를 보면 소국이 합병해 대국을 형성하고 있는데, 대국을 여러 소국으로 분할하자는 것은 본말이 전도됐다는 것이다.

연방국과 단일국은 본질적으로 서로 본받을 수 없는 것이라며 중국이 완전한 공화를 이룩하려면 우선 연방제를 채택해야 한다는 것이 연방론자들의 주장이었다. 이에 대해 량치차오는 하나의 정치 현상이란 대체로 역사적 사실(事實)에 의거해야 하지 이상(理想)에 의거해서는 안 되며, 이상 역시 전 사회에 널리 퍼져 사실이 됐을 때 비로소 구현되는 것이기 때문에 지극히 긴 세월이 필요하다고 한다. 따라서 연방제를 채택하고 있는 미국의 경우 각 주 나아가 도시는 연방제 국가를 건설하기 이전부터 독립된 국가로 이미 오랜 역사를 지니고 있는 데 비해, 중국은 수천 년간 일통을 유지해 왔기 때문에 중국의 연방제는 단지 이상일 뿐 현실 가능성이 없다는 것이다.

신해혁명 이후 량치차오가 기초한 중화민국 헌법 초안에 의하면 중화민국을 통일 공화국으로 규정하고 있다. 공화에 통일 두 글자를 추가한 것은 연방제와 공화제를 선명하게 구별하기 위해서다. 그러나 량치차오는 강력한 중앙정부를 지향하면서도 분권적 지방자치도 아울러 실현하고자 했다. 슝시링(熊希齡) 내각에서 사법총장(司法總長)에 취임한 량치차오는 중앙과 지방의 권한을 구분하고 지방정권 기구의 설립에 적극적 태도를 표명했다. 중국은 행정구역이 너무 커서 정치가 제대로 이루어지지 못하고 있으니 지방행정 기구를 개편해 중앙과 지방의 권한을 각각 구분해야 한다는 것이 골자였다. 특히 지방자치단체를 현(縣) 및 그 이하 단위로 구분해서 모든 행정 및 치안 경찰 업무에 이르기까지 지방 인민이 스스로를 보호할 수 있도록 하는 방침을 정했다.

이와 같이 량치차오의 연방제에 대한 주장은 변화를 거듭해 왔는데, 위안스카이가 제제 부활을 시도한 이후에는 다시 연방제를 향해 적극적인 지지를 보냈다. 이러한 배경에는 연방제 자체를 학리적(學理的)으로 검토한 것이 아니라 정치적 목적을 달성하기 위한 수단으로 대상화하려는 의도가 있었다.

실제로 량치차오가 지향한 근대국가는 문화적·인종적 차이에 따른 구별을 초월한다는 점에서 전통적 '천하사상'에 입각한 '대일통' 관념을 강력하게 실천한 것으로 보인다. 즉 하늘 아래 지상의 모든 만물은 '중화(中華)'와 '사이(四夷)'를 불문하고 일률적으로 동등하다는 '천하사상'은 그가 지향하는 '신중국' 체제 질서 내에 온전히 융화되어 있는 것이다. 그러한 점에서 연방제의 비판적 수용에 입각한 '신중국' 건설은 전통적 덕치(德治)와 교화(敎化)가 전례 없이 강하게 확대된 국민국가를 지향했다고 볼 수 있다. 이러한 량치차오의 실천 운동은 그가 처한 시대적 제약 속에서 성공적으로 진행되지는 못했지만, 현재 중국에서도 여전히 활발하게 진행 중이다.

국성론을 통한
국민의 일체화

세상에는 반드시 국가가 존재하는데,
국가가 존재하는 연유는 무엇인가?
국성(國性)이 있기 때문이다.
나라에 국성이 있다고 하는 것은
사람에게 인성이 있는 것과 같다.

– 「국성편」, 『음빙실문집』

1912년 오랜 망명 생활을 뒤로하고 귀국한 량치차오는 당시 국가 정세가 혼란한 이유를 대외적 충격에 의한 것도 있지만, 고유의 질서가 무너진 데에서 그 원인이 있다고 설파했다. 그에 따르면 한 나라가 바로 서서 부강해지기 위해서는 그 나라만의 특질을 갈고 닦아 독립적인 정신을 구비할 필요가 있는데, 이것이 바로 민족주의의 원천이다. 이러한 점에서 그 국가의 고유한 성질인 국성은 다른 민족과의 차이를 내세울 수 있는 민족성과도 연관되어 있다.

량치차오는 세계사적 시야에서 각국의 흥망성쇠를 밝히는 열쇠를 국성에서 찾았다. 즉, 국가는 그 나라 국성의 유무 또는 건전 여부에 의해 흥망성쇠가 달려있다는 것이다. 특히 국가를 구성하는 일부 지역 및 국민이 국성을 상실하게 되면 그 국가는 해당 지역 및 일부 국민을 상실하게 되어 약해진다고 하는 논의는 매우 의미심장하다. 우창기의 (武昌起義) 이후 '신중국'의 국체를 연방제로 할 것인가 중앙집권제로 할 것인가에 대한 모색에서 몽골, 티베트, 신장 등은 내지와 국성을 달리하기 때문에 연방제를 채택하게 되면 분리될 것이라고 하며 비판적 견해를 밝힌 것은 바로 이러한 맥락에서 이해할 수 있다.

세상에는 반드시 국가가 존재하는데, 국가가 존재하는 연유는 무엇인가? 국성(國性)이 있기 때문이다. 나라에 국성이 있다고 하는 것은 사람에게 인성이 있는 것과 같다. 인성은 얼굴과 같이 비록 아무리 유사하다고 해도 일치할 수 없으며, 그 본성을 상실하면 사람이라고 할 수 없다. 국가 역시 국성이 각각 다르기 때문에 세상에 다양한 국가가 존재하게 되는 것이다. 본래 국성이 없다면 국가를 세울 수 없으며, 국성이 성숙하지 못한 경우에는 비록 국가를 세워도 견고하지 못하다. 국가를 세운 이후에 국성을 상실하게 되면 그 나라는 망한다. 국성이 서로 비슷한 여러 나라를 통합해서 한 용광로에 넣어 주조해 하나의 큰 국성을 이루게 되면 대국을 이룰 수 있다.

– 「국성편」, 『음빙실문집』

그렇다면 국성이란 구체적으로 무엇을 가리키며, 그것은 어떻게 형성되고 사라지는가? 그것은 어떻게 흥성하고 쇠퇴하는가? 량치차오는 국성이란 한 민족이 오랜 역사 속에서 공동의 사회생활 속에서 점차로 형성되어온 무형의 신조를 가리키며, 이 무형의 신조는 바로 해당 민족이 자립할 수 있는 근본적 특질로서 전 국민을 일체화시키는 작용을 한다고 정의한다. 나아가 이 국성의 구체적 표상으로 '국어(國語)', '국교(國敎)', '국속(國俗)'을 들고 있는데, 이 삼자가 합해져야 비로소 국성을 체현할 수 있다고 한다. 이처럼 국성이란 언어와 종교, 풍속 등을 공유하는 집단이 오랜 세월 함께 생활하는 가운데 부지불식간에 형성된 것이기 때문에 누군가에 의해 창조되거나 폐기될 수는 없다.

그렇다고 해서 국성을 단지 묵수하기만 하면 된다는 것은 아니다. 국성에 부패한 요소나 시세에 적합하지 않은 것이 있다면 바로 잡고 개량해야 한다. 국성이 쇠락해서 공공의 신조가 추락하게 되면 개인과 사회 모두 구심점이 약해져 외부의 조그만 충격에도 무너질 수 있기 때문이다.

이 점에서 국성은 곧 '국민성'과 직결되는 것이기도 하다. 량치차오는 국가의 존망은 국민성에 달려있다고 한다. 국민성이란 오랜 시간에 걸쳐 한 나라의 사람들이 조상으로 물려받아 일치를 이루면서 다른 국민과 차이를 보이는 것으로, 국민성이 바로 선다면 비록 나라가 멸망해도 다시 일으켜 세울 수 있는 힘이 있다는 것이다.

그런데, 국성은 국가의 성립에 필수 불가결한 것이라, 역으로 국성이 없다면 국가는 성립할 수 없다. 량치차오는 세계 역사상 다양한 국가의 흥망성쇠를 '국성'의 여하에 따라 4개 부류로 분류해 설명하고 있다. 첫째로 유사 이래 언어를 비롯해 통일된 국성이 없었기 때문에 멸망한 경우를 인도의 예로 설명한다. 둘째는 국성이 아직 성숙하지 못한 가운데 갑자기 강적을 만나 멸망한 경우로 그들이 그 예이다. 다만, 프랑스와 일본이 베트남과 조선의 국성을 완전히 제거하는 것이 쉽지 않다는 점에서 베트남과 조선이 다시 일어설 것이라는 사실을 암시하고 있다. 셋째로 국성이 성숙했지만 스스로 훼손해서 멸망한 사례로 로마제국, 투르크제국 등을 이야기한다. 마지막으로는 국성이 성숙해서 스스로 훼손하지도 않았지만 갑자기 멸망한 경우로 카르타고를 들고 있다.

이와 같이 량치차오는 국성을 상실해서 멸망한 나라들을 소개하면서도 그리스와 같이 국성이 심후해서 전 국민이 깊이 자각할 경우에는 타국에 의해 멸망되지 않으며, 유다나 폴란드, 이집트 등과 같이 이미 망한 나라도 다시 부활할 수 있다고 언급한다. 이들 후자의 사례는 서구 열강의 압박 하에서 위기 상황에 처해있는 중국에는 매우 희망적인 사항을 담고 있는 것이다.

량치차오는 인성에 장단점이 있듯이 국성도 또한 그러한데, 그중 이 국성은 단시간에 소수인의 공적으로 이루어지지도 않으며 파괴되지도 않는다는 것을 강조한다. 이는 국성의 자각을 통해 중국 사회에 팽배해 있던 망국 심리를 떨쳐버리기 위한 노력이기도 하다. 그는 중국인의 망국적 심리에 대항하기 위해 우선 망국의 정의를 다시 내릴 필요가 있다고 한다. 역대 많은 왕조의 흥망성쇠가 있었지만, 중국은 한 번도 망한 적이 없으니 편협한 민족주의적 시각에서 벗어날 필요가 있다는 것이다. 이는 전통적 왕조 중심에서 벗어난 국민국가로서의 중국은 선조가 물려준 뛰어난 기량과 위대한 유산이라는 국성을 지니고 있기 때문에 어느 누구도 망하게 할 수 없다는 신념에서 출발한다.

그렇다면 국성을 바로 세우기 위해서는 어떻게 해야 하는가? 량치차오는 이 국성을 견고하게 진전시켜 나가기 위해서는 도덕적 신조의 함양을 통한 국민의 일체화가 필요하다고 강조한다. 도덕적 신조란 선천적 유전과 후천적 감화를 통해 사람들의 마음속에 내면화된 것으로 '보은(報

恩)', '명분(明分)', '여후(慮後)'를 가리킨다. 보은이란 국가와 사회 및 선조를 비롯한 모든 사람의 은혜를 저버리지 않는 것이고, 명분이란 윤리강상의 가르침에 입각해 분수를 저버리지 않는 것이며, 여후는 후사에 대한 염려를 저버리지 않는 것이다. 그는 이 세 가지 관념으로 인해 중국은 수많은 혼란 속에서도 국성을 상실하지 않을 수 있었다고 한다. 이는 단순한 보수적 가치의 계승이 아니라, 중국 사회의 지속적인 발전과 국가 정체성 유지를 가능하게 한 전통 유산의 재발견인 것이다.

량치차오는 이러한 국성의 유지와 발전이 단순히 내부적 결속에만 머물러서는 안 되며, 보다 확장된 차원에서 세계와의 관계 속에서 의미를 찾아야 한다고 보았다. 중국이 세계 속에서 문화적·정치적 영향력을 행사하기 위해서는 전통적으로 중국인의 내면에 깊숙이 자리한 평천하주의(平天下主義)와 같은 세계주의적 사고방식을 계승하고 발전시켜야 한다는 것이다. 그는 중국이 단순히 국가적 차원에서 생존하는 것을 넘어 더 넓은 문명적 차원으로 나아가야 하며, 그 과정에서 전 인류문화에 기여할 수 있을 것이라고 전망했다.

PART 4

쑨원

중국 혁명의
아버지

쑨원 孫文 1866~1925

광둥성 샹산현(香山縣) 출신으로 자는 일산(逸仙), 호는 중산(中山)이다. 삼민주의(三民主義)를 주창하며 공화혁명을 주도해 중화민국 창립을 주도했던 혁명가다.

그는 어린 시절 하와이에서 서구 교육을 받았으며, 이후 홍콩에서 의학을 공부한 후 혁명운동에 투신했다. 1894년 하와이에서 흥중회(興中會)를 조직하고, 이후 여러 차례 무장 봉기를 시도했으나 실패하면서 일본과 서구로 망명을 반복했다. 1905년 도쿄에서 중국동맹회(中國同盟會)를 결성하고 혁명 이념을 체계화했으며, 1911년 신해혁명(辛亥革命)을 통해 청나라 왕조를 붕괴시키는 데 중요한 역할을 했다. 1912년 중화민국 임시대총통에 취임했으나, 위안스카이(袁世凱)와의 권력 투쟁에서 실권을 잃고 다시 망명길에 올랐다. 이후 군벌과 연합해 광둥에서 군정부를 수립하고, 소련의 지원을 받아 제1차 국공합작(國共合作)을 추진하는 등 혁명운동을 지속했으나, 건강 악화로 1925년 베이징에서 생을 마감했다.

쑨원의 생애는 끊임없는 도전과 좌절의 연속이었지만, 그의 혁명운동은 중국 근현대사의 흐름을 결정짓는 핵심 동력이 됐다. 중화민족의 자유와 평등을 추구한 그의 유산은 국민당과 공산당 모두의 이념적 기반으로 계승됐으며, 나아가 아시아 전반의 탈식민지 운동에도 영향을 미쳤다.

혁명운동의 출발과
신해혁명

달로를 몰아내고(驅除韃虜)
중화를 회복하며(恢復中華)
합중정부를 수립한다(創立合衆政府).

－「흥중회 선언문」

쑨원은 태평천국운동의 여파가 아직 남아있던 1866년 광둥성 샹산현(香山縣)의 한 농가에서 태어났다. 홍수전과 마찬가지로 객가 출신이었던 쑨원은 어려서부터 '제2의 홍수전이 되라'는 말을 들으며 자랐다고 한다. 쑨원은 하와이로 이주해 화교 자본가로 성공한 형 쑨미(孫眉)의 도움으로 1878년 하와이 호놀룰루 미션스쿨을 다녔다. 1883년에 귀국해 현재의 홍콩대학교 의학부인 홍콩 서의서원(西醫書院)에서 서양의학을 배웠고, 중국인으로서는 최초로 박사학위를 취득했다. 중국 혁명가의 대부분이 전통적인 유교 교육을 받으며 성장한 것과 달리 쑨원은 어려서부터 서양식 교육을 받으며 자랐다. 특히 흥미로운 사실은 홍수전과 마찬가지로 기독교의 영향을 크게 받았다는 점이다. 당시 기독교는 제국주의 열강의 선봉 역할을 했다는 점에서 부정적인 평가도 받고 있지만, 시대의 질곡에서 벗어나 변혁을 꿈꾸는 이들에게 기독교는 근대 세계로 나아가는 일종의 창구 역할 역시 함께했다.

1894년 고향에 돌아온 쑨원은 청나라 정부의 실권자인 리훙장(李鴻章)에게 상서를 올려 사회정치 전반에 걸친 개혁을 요구하지만 아무런 회답을 받지 못한다. 이에 위로부터의 개혁에 한계를 느끼고 몰락해 가는 조국을 구하기 위해서는 혁명을 통해 청나라 왕조를 타도하는 것 이외에는 다른 방법이 없다고 인식한다. 그 해 쑨원은 하와이로 건너가 화교의 자금지원을 받아 흥중회(興中會)를 조직했다. 출석자는 20여 명이었다. 흥중회 선언문에 의하면 열강의 중국 분할 위기가 고조되는 상황을 맞이해 "중화를 진흥하고 국체를 유지한다"는 견지에서 흥중회를 설립한다는 점을 강조했다. 1895년 홍콩으로 돌아온 쑨원은 홍콩에서도 흥중회를 조직했는데, 입회하려는 자는 일률적으로 오른손을 들고 다음과 같이 선언했다.

달로를 몰아내고(驅除韃虜)

중화를 회복하며(恢復中華)

합중정부를 수립한다(創立合衆政府).

－「흥중회 선언문」

달로는 만주족을 폄하하는 말이고, 합중정부는 공화제를 의미하는 것에서 흥중회가 청조의 타도와 공화정체의 수립을 지향하는 결사체였다는 것은 명확하다.

흥중회는 광저우에서 최초의 봉기를 시도했다. 당시 광저우는 청일전쟁의 패배 이후 해산된 병사들이 급료도 지급받지 못한 채 모여있어 민심이 사나웠다. 쑨원은 이를 틈타 비밀결사인 삼합회(三合會)와 병사들과 연대해서 중앙절인 10월 26일 봉기를 도모했으나, 계획이 사전이 발각되어 거병에 실패했다. 이로 인해 1,000원이라는 현상금이 붙은 쑨원은 혁명을 위한 기나긴 여정에 나서게 된다.

11월 7일 요코하마에 도착한 쑨원은 펑징루(馮鏡如) 등을 만나 흥중회 분회를 설립하고 다시 하와이로 건너갔다. 변발을 자르고 양복으로 갈아입은 것이 바로 이 시기다. 청조의 상징인 변발을 자른 것에 대해 "배만혁명의 확고한 신념에 의거한 행동"으로 보기도 하나, 최초의 봉기 때 변발을 자르지 않은 것이나 요코하마에서 동행했던 정스량(鄭士良)이 홍콩으로 돌아가며 변발을 자르지 않았던 것 등에서 유럽과 미국으로 가기 위한 준비로 보는 시각도 있다.

1896년 하와이, 미국 샌프란시스코를 거쳐 영국 런던에 도착한 쑨원은 청국 공사관에 감금됐다. 쑨원은 중국으로 송환되어 반역자로 처형될 위기에 봉착했지만, 홍콩 서의서원에서 그를 가르쳤던 존 캔틀리가 영국 정부와 신문사에 청국 공사관이 정치범을 불법으로 감금하고 있다는 사실을 호소한 결과 무사히 석방됐다. 이 사건을 계기로 청국 공사관의 실태(失態)가 드러나게 됐으며, 쑨원은 혁명가로 영국 전역에 명성을 알리게 됐다.

런던 대영박물관에서 독서에 열중하며 삼민주의의 이론을 정립하던 쑨원은 1897년 7월 영국을 출발해 캐나다를 거쳐 8월 중순에 일본에 도착했다. 일본에서는 미야자키 도텐(宮崎滔天) 등 많은 동지를 만날 수 있었다. 미야자키에 의하면 쑨원은 청나라의 폭정에 시달리고 있는 중국을 구하기 위해서는 혁명을 통해 공화제를 실현해야 하며, 이는 4억 인의 중국인을 구원하는 길일 뿐만 아니라 황색인종의 치욕을 해소하는 것이라고 열변을 토했다고 한다. 쑨원은 미야자키를 통해 알게 된 외무대신인 이누카이 츠요시(犬養毅)를 비롯해 많은 정치가의 협조를 얻어 도쿄를 거점으로 해서 혁명운동을 전개해 나갔다. 이후 홍중회의 정식 회장으로 취임한 쑨원은 필리핀 독립운동 지원을 비롯해 광둥·광시 독립운동을 도모했으나 실현되지 못했다. 또, 삼합회 지도자인 정스량(鄭士良)을 시켜 광둥성 후이저우(惠州)에서 봉기를 시도했지만, 지원을 약속했던 일본의 협력을 얻지 못한 채 이 역시 실패로 돌아갔다. 이 시기는 혁명운동의 연속적인 실패로 쑨원에게는 역경의 시기였지만, 한편으로 중국에 혁명가로서 쑨원의 명성이 널리 알려지게 됐다. 또, 삼민주의의 원형이 만들어진 것도 바로 이때였다.

1903년 9월 쑨원은 일본에서 하와이로 떠났다. 당시 하와이에는 량치차오(梁啓超)가 보황파 분회를 설립한 이래 흥중회 회원 중에 보황파에 가입하는 자가 늘어나는 상황이었기 때문에 지지기반을 견고히 할 필요가 있었다. 쑨원은 하와이 흥중회 분회를 중화혁명군으로 개명했다. 이는 저우룽(鄒容)의 『혁명군(革命軍)』에서 취한 것으로 『혁명군』이 '역사적인 민족감정을 불러일으킨다'는 취지에서 이를 통해 혁명의 기치를 널리 고취하기 위함이었다.

하와이에서 샌프란시스코, 유럽을 거쳐 1905년 7월 일본에 도착한 쑨원은 쑹자오런(宋敎仁), 천톈화(陳天華) 그리고 화흥회의 리더인 황싱(黃興) 등과 만나 혁명 세력의 연합을 협의해 마침내 중국동맹회(中國同盟會)를 결성했다. 중국동맹회는 강령으로 "달로를 몰아내고, 중화를 회복하며, 민국을 건국하고, 토지의 권리를 평등하게 한다"는 네 가지를 제시했다. 이는 흥중회의 선언문에다 '토지의 권리를 평등하게 한다'는 조항을 새롭게 추가한 것이다.

그해 11월 중국동맹회는 기관지인 《민보(民報)》를 창간해 입헌파의 량치차오가 발행한 《신민총보(新民叢報)》와 격렬하게 대립했다. 이듬해인 1906년 6월 소보(蘇報)사건으로 투옥됐던 장빙린(章炳麟)이 출옥해서 《민보》의 주필을 담당하면서 종족혁명에 대한 기치는 더욱 고양됐다. 그러나 대중적 기반이 약했던 중국동맹회는 각지의 회당(會黨)과 연합해서 산발적으로 봉기를 일으켰으나 실효를 거두지 못다. 게다가 쑨원은 일본 정부로부터 출국명령을 받아 베트남 하노이로 거점을 옮기면서 중국동맹회는 극심한 내부 분열에 휩싸였다. 연이은 무장봉기의 실패로 자금이 고갈되자 쑨원은 1909년 싱가포르를 출발해 유럽을 거쳐 미국에 이르러 혁명자금 조달에 나섰으나 그다지 성과를 내지 못하고 일본으로 돌아왔다. 그러나 일본 정부의 퇴거명령을 받고 다시 동남아시아를 거쳐 1911년 미국으로 건너갔다.

이 시기 주요 봉기로는 1910년 광둥 신군사건과 1911년 황화강(黃花岡)사건이 있다. 황화강 사건에서는 동맹회의 정예 80여 명이 희생되어 커다란 타격을 받았으나, 그만큼 일반 민중에게는 혁명의 기운을 고양시켰다. 그러던 중 철도국유화 반대 투쟁과 우창(武昌) 신군의 봉기가 성공하면서 후베이(湖北)군 정부가 세워졌으며, 이를 계기로 후난(湖南)을 비롯한 14개 성이 독립을 선포했다. 쑨원은 미국 덴버에서 우창봉기의 성공을 전해 듣고 귀국해 1912년 1월 중화민국 임시대총통에 추대됐다.

이 신해혁명을 통해 중국은 아시아 최초의 공화제 국가를 출범시킬 수 있었지만, 중화민국의 앞날은 사상적 혼란의 아노미 상태에서 벗어나지 못한 채 나라 전체가 혼돈에 휩싸이게 된다.

삼민주의와
중국의 전도

첫째가 민족주의(民族主義),
둘째가 민권주의(民權主義),
셋째가 민생주의(民生主義)입니다.

– 「도쿄에서의 《민보》창간 1주년 기념 대회 연설」

삼민주의는 쑨원이 제창한 중국 혁명의 기본이론이다. '민족주의', '민권주의', '민생주의'를 이념으로 하는 삼민주의는 쑨원의 정치사상을 대표하고 있지만, 그 내용은 시대의 추이에 따라 일정하지 않다. 주지하듯이 1905년 8월 도쿄에서 쑨원이 조직한 흥중회와 황싱(黃興)이 조직한 화흥회(華興會)가 합병하고 여기에 차이위안페이(蔡元培) 등이 조직한 광복회가 참여해서 중국동맹회가 성립했다. 아울러 11월에는 동맹회 기관지인《민보(民報)》가 창간됐다. 중국동맹회는 "(1) 달로를 몰아내고, (2) 중화를 회복하며, (3) 민국을 건국하고, (4) 토지의 권리를 평등하게 한다"는 네 가지 강령(四綱)을 제시했다. 이 네 가지 강령은 쑨원의 대표적 정치이론인 초기 삼민주의의 기초가 됐다.

내가 생각하건데《민보》는 창간한 지 일주년이 되고 있습니다만, 주창해왔던 것은 삼대주의로 첫째가 민족주의(民族主義), 둘째가 민권주의(民權主義), 셋째가 민생주의(民生主義)입니다. … 우리들의 혁명의 목적은 민중의 행복을 도모하기 위한 것으로 소수의 만주인이 이익을 독점하는 것을 바라는 것이 아닌 것에서 민족혁명을 추구하는 것이며, 군주 한 사람이 이익을 독점하는 것을 바라는 것이 아닌 것에서 정치혁명을 추구하는 것이며, 소수의 부자가 이익을 독점하는 것을 원하지 않는 것에서 사회혁명을 추구하는 것입니다.

– 「도쿄에서의 《민보》 창간 1주년 기념 대회 연설」

위에서 소개한 《민보》 창간 1주년 기념 연설 내용에 의거해 그 내용을 좀 더 구체적으로 살펴보자. 먼저, '달로를 몰아내고'와 '중화를 회복하자'는 것은 같은 의미를 지니고 있다. 쑨원은 "우리 한인(漢人)은 망국의 민이 되어버렸다. 만주 정부의 흉폭함은 오늘날 절정에 달하고 있다. 우리들이 목표로 하는 것은 만주족 정부를 전복해 우리들의 주권을 탈환하는 것에 있다"고 하며 한인이 다스리는 '민족국가'를 회복한다는 '민족주의'를 표방한다.

둘째로 '민국을 건국한다'는 것은 공화혁명의 주요 강령이다. 평등한 주권을 가진 국민이 참정권을 통해 총통을 선출하고 또한 의회는 국민의 선거를 통해 선출된 의원에 의해 구성되어야 한다. 나아가 중화민국헌법을 제정해 국민 모두가 이를 준수한다는 공화제를 표방하고 있다.

셋째로 '토지의 권리를 평등하게 한다'는 것은 쑨원의 개성이 넘치는 강령이다. 문명의 복지는 국민 모두가 평등하게 향유한다는 전제하에 토지의 사적 소유는 인정하지만, 토지의 투기 혹은 독점에 의한 대토지 소유를 제한하고자 한 것이다. 가령 토지가격이 배가 올랐다고 하면 그것을 매매해서 인상된 가격만큼 세금으로 징수해 버린다면 토지 투기가 사라질 것이며 토지 소유의 유무에 따른 불평등을 해소할 수 있다는 것이다.

그런데, 중국동맹회의 강령으로 채택된 초기 삼민주의의 이념은 출범부터 문제를 내포하고 있었다. 우선 민족주의에 대해서 쑨원이 "우리들은 결코 만주인을 증오하는 것이 아니라 한인에게 피해를 준 만주인을 증오한다"고 했듯이 민족혁명의 목적은 만주인 전체를 배격하는 것이 아니라 만주 정부를 몰아내고 민족국가를 회복하는 것이었다.

그러나 중국동맹회 내에서는 종족혁명을 내세우며 강렬한 한족중심주의를 주창하는 인물들이 많았다. 특히 소보사건 이후《민보》의 주편을 맡게 된 장빙린은 중국은 한족이 개척한 것으로 만주족이 한족 고유의 국토를 훔쳤기 때문에 이를 배척해야 한다면서 한족을 중심으로 하는 민족국가 건설을 고취했다. 또한 토지의 권리를 평등하게 한다는 것은 쑨원이 헨리 조지(Henry George)의 『진보와 빈곤(Progress and Poverty)』의 영향을 받은 것으로 자본주의 사회의 빈부 격차 문제에 대한 해결방안으로 제안한 것인데, 동맹회 회원 내에서는 이 제안에 대해 이의를 제기하는 자가 많았다. 이러한 문제는 이후 중국동맹회가 내부 분열하는 계기가 됐다고 할 수 있다.

이후, 쑨원은 정치적 변화를 겪으면서 삼민주의의 이론을 정립해 나갔고, 1924년 1월부터 8월까지 16회에 걸쳐 진행한 삼민주의 강연 내용을 모아 『삼민주의』를 출간했다. 각각의 내용을 살펴보면 다음과 같다.

먼저 민족주의는 제국주의 열강과 체결한 일체의 불평등조약을 폐지해 정치적·경제적·군사적 침략을 배제함으로써 중국이 빼앗겼던 주권을 회복하자는 것이다. 이를 위해 쑨원은 민족통합을 주장했다. 쑨원은 민족주의 강연에서 "중국인은 한 줌의 흩어진 모래"와 같은 존재라고 비판하면서 강력한 단결력이 없으면 서양의 압력을 물리칠수 없다고 했다. 쑨원은 중화민국 건국 원년에 한족을 비롯한 만주족, 몽골족, 티베트족, 위글족의 오대 민족을 통합한다는 '오족공화'를 제기했다. 이후 쑨원은 '오족공화'에서 벗어나 한족을 중심으로 네 민족을 하나의 용광로에 녹여 하나의 '중화민족'을 형성하는 데까지 주장을 발전시켰다. 이 '중화민족'은 기존의 민족 범주를 초월해 비중국 세계까지 포괄하는 새로운 민족상으로 제창된 것이다.

둘째로, 민권주의는 주권재민 사상에 입각해 헌법을 제정하고 그에 따른 민주주의 공화국 설립을 목표로 하는 것이다. 그러나 여기서 민권은 모든 사람이 절대적으로 평등하다는 것은 아니다. 쑨원은 사람의 능력에는 차이가 있기 때문에 그 차이에 따라 평가받는 것을 진정한 평등이라고 했다. 그는 인간을 선지선각자(先知先覺者), 후지후각자(後知後覺者), 부지불각자(不知不覺者)로 구분하고 후지후각자와 부지불각자는 자신과 같은 선지선각자의 지도에 따라 자립할 수 있을 때까지 훈련을 받아야 한다고 했다. 이는 결국 통치의 권리는 일반 민중에게 있는 것이 아니라 선택된 선지선각자에 있는 것으로 인민에 의한 민주정치와는 거리가 멀다. 즉, 소수 엘리트에 의한 정치를 말하는 것으로 현실적으로는 국민당에 의한 독재정치를 허용하는 기반이 되고 말았다.

마지막으로 민생주의는 본래 토지의 권리를 평등하게 한다는 사상으로 알려져 있지만, 그와 아울러 자본의 절제도 포함하고 있다. 토지의 권리를 평등하게 한다는 것은 지주에게 자신이 소유한 토지의 가격을 신고하게 해 그 가격에 따라 세금을 징수한다는 뜻이다. 그리고 국가가 필요에 따라서는 신고한 가격에 따라 토지를 매입할 수 있게 했다. 또한 토지거래 시 발생하는 이익금은 모두 세금으로 국가에서 징수함으로써 토지에 대한 투기를 방지하고 나아가 토지 소유의 평준화를 도모했다. 자본의 절제는 자본주의를 부정하는 것이 아니라 독점자본의 배제를 의미한다. 즉 민간경영이 불가능하거나 독점성을 가진 사업은 국가가 관리함으로써 민간의 대자본을 방지하고 자본의 불균등을 해소한다는 이른바 국가주의를 표방하고 있는 것이다.

　쑨원은 삼민주의란 "소수의 만주인이 이익을 독점하는 것을 배제하는 '민족혁명'이고, 군주 한 사람이 이익을 독점하는 것을 배제하는 '정치혁명'이며, 소수의 부자가 이익을 독점하는 것을 배제하는 '사회혁명'이다"라고 설명했다. 이 삼민주의는 '반제', '반봉건'의 의식이 결여되어 있다는 평가를 받고 있으나 민족의 독립, 정치의 민주화, 자본주의의 발전이라는 시대적 요구를 반영하고 있다는 점에서 역사적 의의를 찾을 수 있다.

중국국민당 건설과
국민혁명의 전개

우리들이 농민의 고통을 해결하기 위해서는
결국 농사를 짓는 자가 토지를 소유하게 해야 한다.

- 「광주농민운동강습소 제1회 졸업식에서의 연설」

1912년 신해혁명(辛亥革命)에 의해 중화민국 임시정부(中華民國臨時政府)가 설립됐으나 안팎의 공세에 몰린 쑨원(孫文)은 대총통직을 위안스카이(袁世凱)에게 위임했다. 위안스카이가 당초 약속한 내용을 전혀 지키지 않자 쑨원은 위안스카이에게 반기를 들고 1913년 7월 제2혁명을 일으켰지만, 실패하고 다시 일본에 망명했다. 쑨원은 1914년 7월 도쿄에서 중화혁명당을 결성하고 총리에 취임했다.

이후 위안스카이는 제제운동(帝制運動)을 추진해 황제에 즉위했지만, 국내외의 반대에 부딪혀 실의에 빠져 사망하게 되고, 이에 맞춰 쑨원은 중화혁명당의 본부를 상하이로 옮겼다. 이후 1917년 장쉰(張勳)의 복벽으로 국회가 해산되자 쑨원은 '호법'을 내걸고 광둥에서 독립을 선언하고 군(軍)정부를 세웠으나 광시(廣西)의 루룽팅(陸榮廷) 등 지방 군벌에 의지하는 존재에 불과했다.

지방 군벌에 의지해 북방의 군벌과 대결하는 모순적인 상황 속에서 쑨원을 축출하려는 움직임이 거세지자, 그는 결국 광저우를 떠나 상하이로 이동했다. 일반적으로 쑨원은 상하이에서 5·4운동의 단결하는 민중의 에너지를 목격하고 충격을 받아 그동안 비밀결사 방식으로 운영하던 중화혁명당을 개조해 인민에 기반을 둔 혁명정당을 수립하고 1919년에 중국국민당으로 개편했다고 알려져 있다. 하지만, 실제로는 5·4운동에 대한 관심보다는 광둥군 정부를 되찾는 데 주력했던 것으로 평가된다.

마침 1920년 천중밍(陳炯明)이 루룽팅 등을 몰아내 광저우를 회복하고 쑨원을 맞이했다. 다만, 천중밍은 개명적 군벌로 광둥에 지방자치정부를 수립한 후 이를 전국으로 확대해 연성자치(聯省自治)를 지향했기에, 북벌을 통해 중앙집권적 통일국가를 목표로 하던 쑨원과는 입장의 차이가 확연했다. 결국 북벌에 반대하던 천중밍의 쿠데타로 인해 광둥에서 추방된 쑨원은 다시 상하이로 가게 됐다. 쿠데타는 각지 군벌의 광저우 공격으로 진압되어 쑨원은 다시 광둥군 정부로 돌아왔지만, 워싱턴회의에서 광둥군 정부가 중국의 정식정부로 채택되지 못한 가운데 쑨원은 고립된다.

이러한 시기에 쑨원에게 손을 내민 것은 코민테른이었다. 5·4신문화운동 이후 천두슈(陳獨秀)를 중심으로 하는 중국공산당 창당을 지원한 코민테른은 중국에서 민족통일전선의 중심을 담당하는 세력으로 중국국민당에 주목했다. 마침내 1920년 중국공산당 제1회 대표대회에 참석

한 마링이 1921년 12월 남방의 꾸이린(桂林)을 방문해 쑨원과 역사적인 만남을 갖게 됐다. 그때까지 쑨원은 마르크스주의에 대해서는 회의적이었다. 지권평등을 주장한 민생주의만으로도 자본가와 노동자의 대립은 미연에 방지할수 있으며, 계급투쟁이 역사를 움직이는 동력이 될 수 있다고는 생각하지 않았던 것이다.

당초 코민테른에서 국공합작(國共合作)을 건의하자, 천두슈 등 공산당 간부들은 이를 격렬히 반대했다. 공산당은 이시기 노동운동에 힘을 쏟고 있었기 때문에 북벌을 통한 무력통일에 앞장선 국민당과 별다른 공통점이 없었다. 더욱이 쌍방이 대등한 입장에서 합작하는 것이 아니라 공산당원이 국민당에 가입하는 방식이었기 때문에 반발이 강했다. 하지만 코민테른이 결정한 이상 공산당은 따를 수밖에 없었다. 이리하여 1923년 역사적으로 유명한 '쑨원-요페 공동선언'이 발표되면서 국민당의 '연소(聯蘇), 용공(容共)' 정책이 확정됐다. 1924년 1월 광저우에서는 중국국민당 제1회 전국대표대회가 열렸다. 이 대회에서 국민당은 제국주의와 군벌의 지배에 반대하고 민중의 생활개선을 위한 삼민주의를 제창하면서 혁명적 대중정당으로 변모를 주창했다.

쑨원은 국민혁명을 추진하기 위한 기초로서 학생, 노동자, 상인 조직을 중시하면서도, 그와 동시에 중국 인구의 대다수를 차지하고 있는 농민들을 어떻게 조직해서 혁명세력으로 만들어 나갈 것인가에 대해 고심했다. 그 배경에는 그동안 진행해 왔던 국민혁명이 대중적 지지기반을 확보하지 못했기 때문에 실패했다고 하는 깊은 반성이 있었다. 국민혁명을 성공적으로 추진하기 위해서는 농민을 조직해서 국민혁명의 기반으로 삼을 필요를 느꼈던 것이다.

이 농민운동은 1924년 6월 19일 '광둥정부 제1차 농민운동선언'으로 개시됐다. 이 선언을 통해 완전히 독립적인 단체로서 농민협회를 조직하고 정부의 관리하에 농민자위군을 조직한다는 것을 명확히 했다. 광주농민운동강습소는 그 일환으로 추진된 것이다. 쑨원은 1924년 8월 광주농민운동강습소 제1회 졸업식의 연설에서 '경자요유기전(耕者要有其田)' 즉, 농사를 짓는 자가 토지를 소유해야 한다는 자작농 확보 방침을 밝히고 여기에 민생주의의 '평균지권' 사상을 결부해 농민문제를 해결하고자 했다.

농민과 연대하는 것은 우리 국민당이 진행하는 농민 운동의 첫 번째 일이다. … 농민은 중국에서 인민의 최대 다수를 차지하고 있기 때문에 농민이야말로 중국 최대의 계급인 것이다. 이 최대 계급을 각성시켜 모두 삼민주의를 이해하고 실행할 수 있게 되어야 우리들의 혁명은 비로소 철저해진다. … 우리들이 농민의 고통을 해결하기 위해서는 결국 농사를 짓는 자가 토지를 소유하게 해야 한다.

－「광주농민운동강습소 제1회 졸업식의 연설」

이리하여 "정부는 농민에 의거해서 이를 기초로 삼을 수 있고 지주에 대해서는 농민문제의 해결을 위해 지가(地價)에 응해서 무거운 세금을 징수할 수 있다." 만일 지주가 세금을 납부하지 않는다면 그들의 토지를 공유로 해서 농사짓는 자에게 나눠주어, 지주에게는 지대를 납부하지 않지만 국가에는 세금을 납부하게 한다는 것이다.

그러나 쑨원은 강습소 졸업식 연설에서 "농민은 국민혁명의 기초이다. 이 기초를 강고히 하지 않으면 우리들의 혁명은 성공할 수 없다"라고 하면서도 농민과 지주 사이의 문제를 계급투쟁이 아니라 평화적으로 해결할 것을 주장한다. 농민이야말로 중국 인민의 최대 계급이며, 이 최대 계급을 각성시켜 국민혁명을 철저히 수행해야 한다는 입장이지만, 농민과 지주 사이의 계급투쟁을 일으킬 가능성이 있는 농민의 조직화에는 신중한 자세를 보인 것이다. 그렇지만 쑨원은 평화적 해결을 위해 농민 전체를 정부와 합작시킬 필요가 있다고 하면서도 그 자신이 직접 농촌에 들어가 농민의 요구에 귀를 기울이는 일은 없었다.

국민혁명 시기 농민운동은 광둥과 후난(湖南)을 중심으로 크게 발전해서 그 후 혁명운동의 중심을 이루게 되지만, 실제로 농민운동을 지도한 것은 펑파이(彭湃), 마오쩌둥(毛澤東) 등 젊은 공산당원이었다. 이들은 직접 농촌에 들어가 농민의 적으로 제국주의, 군벌, 관료, 매판, 지주 등을 언급해 농민이 착취당하는 현실을 밝히고, 향촌 지배 기구인 '민단(民團)'과 가족제도를 착취체계의 기초라고 지적했다. 이들의 노력으로 각지에서 농민협회가 조직되어 지주에 대한 감조(減租) 투쟁을 하는 등 농민의 이익을 대변하게 됐다. 이들 농민운동 특파원들은 국민당원의 자격으로 활동하면서 농민들을 당원으로 끌어들이는 것이 목표였지만, 그들이 공산당원이라는 것이 알려지면서 농민들 사이에 공산당에 대한 인기가 높아졌다.

그러나 지주와의 문제를 평화적으로 해결하고자 하는 국민당의 입장에서 지주를 적으로 돌리는 것은 커다란 문제였다. 이는 광둥 국민정부가 농민문제를 근본적으로 해결하지 못한 원인을 제공했으며, 나아가 중국 통일을 위한 국민혁명의 제일보인 국공합작의 균열을 드러내는 것이기도 했다.

대아시아주의와
동아시아 질서의 재구상

동양의 문화는 왕도이고,
서양의 문화는 패도이다.

― 「고베상업회의소 등 단체에 대한 연설」

1924년 1월 중국국민당의 개조와 국공합작을 성공적으로 수행한 쑨원은 그해 말 베이징정변을 일으킨 평위샹(馮玉祥)의 요청을 받아 전국 대표로 구성된 국민회의를 개최하기 위해 광저우를 출발해 베이징으로 향했다.

출발에 앞서 밝힌 '북상선언'에서 쑨원은 각종 실업단체, 상회, 교육회, 대학교, 각성학생연합회, 공회, 농회, 직예계 군벌에 반대하는 각 군대, 정당들의 대표로 구성되는 국민회의의 소집을 통해 중국의 통일과 건설을 이룩하자는 원대한 제안을 건넸다.

북상 도중 상하이에 도착한 쑨원은 영국의 방해 공작에 부딪혀 행선지를 변경해 11월 24일 일본 고베(神戸)에 도착했다. 당시 쑨원은 58세로 이미 간암[췌장암이라는 설도 있다]에 걸려 병약한 상태였지만, 도우야마 미츠루(頭山満), 이누카이 츠요시(犬養毅) 등 일본 정계의 주요 인물들과 만났으며, 몇 차례 강연을 했다.

그중에서도 고베고등여학교에서 약 3,000여 명의 관중을 대상으로 1시간 30분 정도 열변을 토한 강연은 이른바 '대아시아주의' 강연으로 저명하다.

동양의 문화는 왕도이고, 서양의 문화는 패도이다. 왕
도를 논하는 것은 인의와 도덕을 주장하는 것이고, 패
도를 논하는 것은 공리(功利)와 강권(強權)을 주장하는
것이다. 인의와 도덕을 논하는 것은 정의와 공리(公理)
로 사람을 감화시키는 것이고, 공리(功利)와 강권을 논
하는 것은 총과 대포로 사람을 억압하는 것이다. … 금
후 일본이 세계문화에 대해 서양 패도의 앞잡이가 될
것인가 아니면 동양 왕도의 수호자가 될 것인가는 일
본 국민이 신중히 선택해야만 할 것이다.

- 「고베상업회의소 등 단체에 대한 연설」

쑨원의 '대아시아주의' 사상은 일본인과의 교류 속에서
많은 영향을 받았으나, 그 자신이 독자적으로 사상을 발전
시켜 견지해 나갔다고 볼 수 있다. 실제로 쑨원의 아시아
인식은 그가 혁명운동을 실천하는 과정에서 점차 심화됐
다. 제1차 세계대전 이전의 쑨원은 '중국 중심론'을 강하게
의식하며 아시아를 인식했다. 중국의 토지와 인구는 세계
에서 견줄 바가 없으며, 예전 중화문화는 세계, 특히 아시
아에 대해 커다란 영향을 미쳤다고 본 것이다. 따라서 중국

이 다시 일어서게 되면 아시아 나아가 세계에 지대한 영향
을 미치게 된다는 것이다.

이 시기 그의 최대 관심은 중국과 일본이 연합해서 제국
주의 열강의 아시아 침략에 대항하는 방법을 모색하는 것
이었다. 이러한 입장은 중국동맹회의 기관지인《민보》창
간호에 '민보 6대주의'의 하나로 '중국과 일본 양국 국민의
연합을 주장한다'고 한 것에서도 분명히 드러나 있다. 또한
1913년 도쿄시장 사카다니 요시로(阪谷芳郎)의 환영 연회
석상에서 쑨원은 중일 양국 관계의 친밀함을 논하면서 "앞
으로 동아시아의 행복과 세계의 평화를 위해 더욱 중일 양
국의 연대를 주창"했다.

이러한 쑨원의 아시아 인식은 1919년 러시아혁명 이후
변화의 조짐을 보인다. 당시 소비에트 정부는 베르사유조
약 체제에서 서구 열강들이 중국을 힘으로 억압한 것에 비
해 러시아가 중국에 갖고 있던 모든 특권을 포기한다는 방
침을 밝혔다. 이에 따라 중국에서 러시아혁명의 관심이 퍼
져나가는 가운데 쑨원은 러시아를 아시아의 일원으로 받
아들여 단결하자고 호소했다. 반면에 칭다오를 점령하고
중국에 대한 '21개조 요구'를 강제적으로 체결한 일본에

대해서는 더 이상 아시아가 아니라고 강한 어조로 비판했다. 그럼에도 불구하고 쑨원은 여전히 중국과 일본의 연대에 대한 기대를 저버린 것은 아니다. 이러한 바람은 '대아시아주의' 강연에서 잘 드러나 있다. 강연의 내용을 정리하면 다음과 같다.

쑨원은 우선 고대 문화의 발상지였던 아시아가 근대 이후 쇠락의 길을 걸었다고 본다. 하지만 그 와중에 부흥의 계기가 있었으니 그것이 바로 미일 불평등 조약 개정이었다. 일본은 근대화와 발전을 이룩해 미국과의 기존 조약을 수정, 보완해 새로운 조약을 체결한 것이다. 이는 아시아 여러 국가에 커다란 희망을 불러일으켰다. 그 후 있던 러일전쟁의 승리는 아시아민족이 유럽인을 최초로 이긴 사건으로 이에 대한 자극을 받아 아시아 각지에서는 유럽에 대한 독립운동의 불길이 번져나갔다. 쑨원이 보기에 아시아 모든 민족의 독립운동이 성공하기 위해서는 서로 연대할 필요가 있고, 그중 동아시아에서 가장 큰 민족인 중국과 일본은 바로 아시아 독립운동의 원동력이었다.

다음으로 쑨원은 동양과 서양의 문화를 비교해서 우열을 논한다. 서양의 문화는 물질문명이 극도로 발달했지만,

공리(功利)를 중요시 하고 강권(强勸)에 의지하는 패도(覇道) 의 문화다. 이에 반해 동양의 문화는 인의(仁義)와 도덕(道德)을 중시하는 왕도(王道)의 문화인데, 양자를 비교해 보면 무엇이 정의와 인도에 유리하고, 민족과 국가에 유리한지 알 수 있다. 다시 말해, 인의와 도덕을 논하는 것은 정의와 도리로 사람을 감화시키는 것이지만, 공리와 강권을 논하는 것은 총과 대포로 사람을 압박하는 것이기 때문에 동양의 문화가 서양의 문화에 비해 바람직하고 우월하다.

그리고 대아시아주의를 조성하려면 고유의 문화를 바탕으로 논해야 하므로, 동양이 갖춘 인의와 도덕의 왕도문화는 대아시아주의의 좋은 기초가 된다. 즉 "우리들이 대아시아주의를 주창하고 아시아민족의 지위를 회복하기 위해서는 인의와 도덕을 기초로 해서 각 지역의 민족을 연합해야 하며, 그렇게 한다면 아시아 전체 민족은 매우 큰 세력을 갖게 될 것"이다.

또한 유럽과 아시아의 인구를 비교해 보면 세계 인구의 절반을 차지하고 있는 아시아는 유럽에 월등히 많은데, 소수가 다수를 억압하는 것은 정의와 인도에 반하는 행위이기 때문에 결국 실패로 귀결될 수밖에 없다.

174

나아가 세계문화의 추세에서 서양의 일부에서도 인의와 도덕을 제창하는 움직임이 일어나고 있기 때문에 서양이 가진 공리와 강권의 문화는 동양이 배양한 인의와 도덕의 문화에 복종하게 되니 곧 패도가 왕도에 복종하는 형세에서 세계의 문화는 나날이 밝아진다는 것이 쑨원이 구상한 대아시아주의다.

쑨원은 대아시아주의를 통해 아시아민족의 연합을 주창하면서 서양의 강권적 패도문화에서 이탈해 인의와 도덕을 말하는 동양의 문화에 접근하고 있는 러시아와는 손을 잡아야 한다고 말한다. 이는 앞에서도 언급했듯이 당시의 연소(聯蘇)정책의 일환으로서 제기된 것으로 볼 수 있다.

쑨원의 대아시아주의는 인의와 도덕을 고유의 문화로 하는 아시아 제 민족이 대단결해서 공리와 강권을 내세우는 서구 제국주의 열강을 물리치자는 것이었다. 즉, 반제국주의적 입장에서 피억압민족의 해방을 추구하자는 것으로 그 목표는 궁극적으로 아시아를 넘어 국제적인 연대를 지향하고 있었다. 이는 다음 문장에서 잘 드러난다.

"우리들은 대아시아주의를 논하며 연구한 결과를 가지고 궁극적으로 어떠한 문제를 해결해야만 하는 것인가? 그

것은 고통을 겪고 있는 아시아민족을 위해 어떻게 하면 유럽의 강성한 민족에게 저항할 수 있는가의 문제이다. 간단히 말하면 피억압민족을 위해 불평등을 타파해야만 하는 문제이다." 그리고 이러한 원대한 목표를 위해 아시아의 최강국인 일본에게 서양 패도문화의 앞잡이가 되지 말고 동양 왕도문화의 수호자가 될 것을 호소한다.

다만, 쑨원의 대아시아주의가 아시아민족을 대등한 위치에서 보고 있는지는 의문이다. 그가 왕도문화의 전형으로 네팔이 중국을 종주국으로 받들고 있음을 예로 든 것은 그가 여전히 전통적인 화이질서의 세계관에서 벗어나지 못하고 있다는 방증이기도 하다.

시대를 향한 혁명가의 유언,
아직도 혁명은 이루어지지 않았다

내가 국민혁명에 일생을 바친 지 어언 40년,
그 목적은
중국의 자유와 평등을 추구하기 위한 것이었다.

– 「중국국민당 동지에게 남긴 유서」

국민당의 개조와 국공합작이라는 역사적 위업을 달성한 쑨원은 1924년 말 펑위샹의 요청을 받아 북상선언을 하고 광저우를 출발했다. 이 북상선언에서 쑨원은 제국주의를 타도하고 국민회의를 소집해서 자유 독립 국가를 건설한다는 취지를 표방했다.

북상 도중 일본에 들른 그는 고베(神戸)에서 '대아시아주의'라는 명 강연을 통해 피억압민족이 연합해 제국주의를 타도하고 일본인에 대해 "서양 패도의 앞잡이가 될 것인가 아니면 동양 왕도의 수호자가 될 것인가?"라는 근본적인 문제를 제기했다.

그해 12월 31일 쑨원은 베이징에 도착해서 수많은 인민의 환호를 받았지만, 그의 몸은 이미 간암으로 인해 절망적이었다. 마침내 이듬해인 1925년 3월 쑨원은 부인 쑹칭링(宋慶齡)이 지켜보는 가운데 58세를 일기로 혁명적 생애를 마감했다. 자유롭고 평등한 중국의 건설을 위해 일생을 바쳤다고 해도 과언이 아닐 그는 결국 중국 통일이라는 국민혁명을 완수하지 못하고, 또한 국민회의를 개최하지 못한 채 파란만장한 생을 마친 것이다.

쑨원은 사망하기 전「중국국민당 동지에게 남긴 유서(國

事遺囑)」, 「가족에게 남긴 유서(家事遺囑)」, 그리고 「소련 지도자에게 남긴 유서(致蘇俄遺書)」까지 총 3통의 유서를 남겼다. 가장 먼저 「중국국민당 동지에게 남긴 유서」에서는 다음과 같이 동지들에게 혁명 완수를 호소했다.

내가 국민혁명에 일생을 바친 지 어언 40년, 그 목적은 중국의 자유와 평등을 추구하기 위한 것이었다. 40년의 경험을 통해서 이 목적을 달성하기 위해서는 반드시 민중을 깨우쳐 일어나게 하고 세계에서 평등하게 우리를 대해줄 민족과 협력해 함께 분투해 나가야 한다는 것을 깊이 깨닫게 됐다.

현재 혁명은 아직 성공하지 않았다. 우리 동지들은 반드시 내가 저술한 『건국방략』, 『건국대강』, 『삼민주의』 및 『제1차전국대회선언』에 의거해 계속 노력해 이를 관철시킬 것을 바란다. 최근 국민회의 개최 및 불평등조약 폐기에 대한 주장은 더욱 무엇보다도 시급히 실현해야만 한다.

－「중국국민당 동지에게 남긴 유서」

'현재 혁명은 아직 끝나지 않았다'라는 문구에서 알 수 있듯이 40년에 걸친 혁명가로서의 일생은 실패의 연속이 었다. 비록 실현되지는 않았지만, 쑨원이 베이징에 입성한 일은 국민화합을 통해 중국을 평화적으로 통일할 수 있는 것은 아닌가 하는 기대를 불러일으켰다.

한편, 위 유서에서 '세계에서 평등하게 우리를 대해줄 민족'이란 바로 소련을 가리킨 것이다.

당신들은 자유공화국 대연합의 지도자입니다. 이 자유공화국 대연합은 레닌의 불후의 유지이며 피압박 민족 세계에 대한 참된 유산입니다. … 내가 이 세상에 남긴 것은 국민당입니다. 나는 국민당이 제국주의 제도에서 중국 및 기타 피침략국을 해방시킨다는 역사적 사업을 완성하기 위해 당신들과 협력 합작할 것을 희망합니다. … 이 목적을 달성하기 위해 나는 국민당 지도자에게 계속 당신들과 제휴할 것을 명했습니다. 나는 당신들 정부가 계속적으로 반드시 우리나라에 대한 원조를 해 줄 것을 깊게 믿고 있습니다.

– 「소련 지도자에게 남긴 유서」

「소련 지도자에게 남긴 유서」에서 쑨원은 중국 혁명의 최대 지원국으로서 소련이 자신의 사후에도 중국국민당을 지원해서 중국 및 피억압민족을 해방시키는 데 지속적으로 원조해 줄 것을 기대하고 염원하고 있다.

쑨원은 또한 가족에게도 다음과 같은 유언을 남겼다.

> 나는 국사에 진심 진력하여 가산을 돌보지 못했다. 남기는 서적, 의복, 주택 등은 모두 내 아내인 쑹칭링(宋慶齡)에게 주어서 기념하게 한다. 나의 자녀는 이미 성장하여 자립할 수 있으니, 서로 사랑하며 나의 뜻을 이어주길 희망한다.
>
> -「가족에게 남긴 유서」

쑨원은 부인 쑹칭링의 요청에 따라 기독교식으로 장례를 치렀다. 쑨원의 시신이 베이징 중앙공원에 있는 임시 건물로 운구될 때, 10만 명 이상의 사람들이 뒤를 따랐으며, 시신이 중앙공원에 안치되자 50만 명 정도로 추산되는 인파가 줄지어 참배를 했다고 한다. 쑨원의 시신은 그의 사후 최고 실력자로 부상한 장제스(蔣介石)에 의해 난징(南京) 교외의 중산릉(中山陵)에 안장됐다.

영화 '송가황조'를 보면, 들것에 실려 베이징역에서 내린 쑨원을 환호하며 수많은 군중이 '만세, 만세, 만세'를 외치는 장면이 나온다. '만세'란 황제를 칭송하는 표현이다. 이를 못마땅하게 여긴 쑨원은 '혁명이 일어난 지가 언제인데 아직도 만세를 외치는가'라며 개탄한다. 자신을 황제에 빗대어 만세를 외치는 군중을 질책하는 것이지만, 자유롭고 평등한 중국을 건설하는 것이 얼마나 지난한 과제인가를 단적으로 보여주는 장면으로도 보인다.

쑨원의 사후 장제스는 공산당 및 국민당 내 좌파인 왕징웨이(汪精衛) 등과 결별하고 북벌을 진행해 마침내 1929년 6월 중국을 통일하는 데 성공했다. 그런데, 장제스의 난징국민정부는 헌법 제정 및 의회 개설을 하지 않고 독재정치를 강화했다. 이는 쑨원이 『건국대강』에서 언급한 '군정(軍政)'-'훈정(訓政)'-'헌정(憲政)'의 3단계 국민정부 건설 과정 중 아직 헌정 단계에는 이르지 않았다고 하는 판단에서였다. 즉, 중국인 및 중국사회는 아직 헌법을 제정해서 국민에게 참정권을 부여해 민주적 정치를 시행하기 위한 단계에 이르지 못했다는 것이다. 그렇게 장제스는 쑨원의 유훈을 지킨다는 구실로 독재정치를 강화했다. 이러한 장제스의 태도에 대해 국민당 내외에서 강한 비판이 일어난 것은 물론이다.

한편, 쑨원의 유서에 있는 '국민회의 개최'에 대해 난징 국민정부는 '훈정강령'을 발표해서 국민회의를 발족했지만, 그 의원은 당의 지명으로 선출됐으며, 또한 헌법을 대신하는 '훈정시기 약법'에서는 주석에 커다란 권한을 부여했다. 쑨원의 유훈이 왜곡되는 가운데에서도 '불평등조약의 개정' 문제 중 관세자주권 문제는 난징 국민정부에서 커다란 성과를 달성했다. 군벌정권을 무너트리고 공산당을 배제했다는 서구 열강의 평가를 받은 것이다. 비록 치외법권 철폐나 조계 회수 문제는 여전히 남아있었지만, 쑨원이 추구했던 국민혁명을 통한 독립자주국의 이상은 불완전하게나마 실현되는 과정에 있었다.

PART 5

리다자오

중국 최초의
마르크스주의자

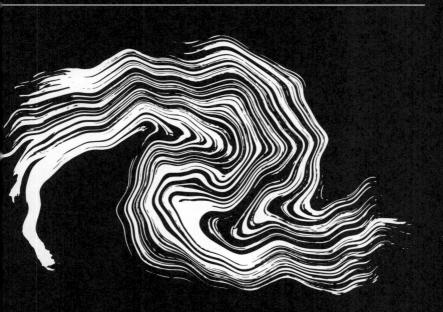

리다자오 李大釗 1889~1927

중국공산당 창립자 중 한 명으로 마르크스주의를 중국에 확산시키는데 크나큰 공헌을 한 혁명가다.

그는 허베이성(河北省) 러팅현(樂亭縣) 출신으로 어려서 조실부모하고 조부모 슬하에서 자랐다. 톈진의 북양법정전문학교(北洋法政專門學校)에서 수학했으며, 그 후 일본의 와세다 대학교에 유학해서 마르크스주의를 접했다. 그는 유학시절 위안스카이 정부의 21개조 요구 수용에 반대하는 유학생 집회를 열기도 했다. 귀국해서는 베이징대학교 교수로 근무하며 '마르크스주의 학설 연구회'를 비밀리에 설립했으며 이를 기반으로 1920년 천두슈(陳独秀) 등과 함께 중국공산당을 창립했다. 제1차 국공합작 시기 베이징에서 북방 공작을 담당하다가 베이징에 진출한 펑톈(奉天) 군벌 장쭤린(蔣作林)에게 체포되어 중화민국 정부를 전복하려 했다는 죄목으로 처형됐다.

리다자오는 마르크스주의를 중국의 현실에 맞게 적용하려 노력을 기울였으며, 공산주의 혁명의 이론적·실천적 기반을 마련했다. 이러한 사상과 활동을 바탕으로 그는 오늘날에도 중국 공산혁명의 선구자로 높게 평가받고 있다.

'민'의 자각과
'중화'의 재생

지금 신주(神州)[중국]는 쇠락하고 황폐해져서
예전 천부(天府)[비옥하고 풍요로운 토지]라고
일컬어지던 땅은 타국에 능멸을 당하고 있다.
이것은 누구의 잘못인가?
군주전제가 가져온 재앙이다.

– 「민이와 정치」

신해혁명(辛亥革命)은 왕조체제에서 아시아 최초의 공화국가(共和國家)라는 '획기적'인 변화를 가져온 일대 사건이지만, 청조가 무너지고 나서 등장한 중화민국의 체제는 안정된 기반을 확립해 나가지 못했다. 중화민국은 민주적 통일국가로서 국가권력을 확립하고 국민적 일체성을 확립해야 한다는 과제에 직면했지만, 결국 국민적 통합에는 실패함으로써 중국 사회에는 지독한 아노미가 야기됐다.

리다자오는 진나라 이래 2,000여 년간 민(民)의 심신을 유린하고 속박해 온 군주전제를 타파하고 민에게 공화와 행복을 선물하기 위해 자신을 희생한 혁명 선열들에게 감사의 뜻을 표했다. 그러나 민국이 처한 현실은 매우 비참했다. 위안스카이(袁世凱)를 대표로 소수의 포악하고 교활한 자들이 선열들의 공적을 자기의 치적인 양 가로채고 민으로부터 민정(民政), 민권(民權), 행복(幸福)을 약탈해 민을 사지로 내몰았기 때문이다. 당시 위안스카이는 독재를 강화하고 스스로 황제가 되고자 했는데 그 논거를 중국은 민지(民智)가 열등해 공화제에 적합하지 않다는 데에서 찾았다. 리다자오는 이 제제운동에 정면에서 대항해서 군주전제의 재현이 민의 "독립 자주의 인격을 상실하게 해서 노예·복

188

종의 지위로 추락시켜"민족과 국가가 외부의 침략이 없어
도 스스로 무너지게 됐다고 비판했다. 이에 중국의 재생을
위해서는 우선 민의 자각이 필요하다고 주장했다.

> 우리가 건국한 중화는 아시아 대륙에 위치해서 산수
> 가 수려하고 당당한 풍격은 세계에 필적할만한 것이
> 드물다. … 그러나 지금 신주(神州)[중국]는 쇠락하고
> 황폐해져서 예전 천부(天府)[비옥하고 풍요로운 토지]라고
> 일컬어지던 땅은 타국에 능멸을 당하고 있다. 이것은
> 누구의 잘못인가? 군주전제가 가져온 재앙이다. … 세
> 계를 재조(再造)하고 중화를 재조하기 위해서는… 우
> 선 자신을 개조할 필요가 있다. 진부한 자기를 버리고
> 광명의 자기를 맞이하며 백발의 자기를 버리고 청년
> 의 자기를 맞이하며 전제(專制)의 자기를 버리고 입헌
> 의 자기를 맞이한다. 재조의 자기를 재조중국의 신체
> 제에 적합하게 하고 그 재조중국을 재조세계의 신조
> 류에 적합하게 한다.
>
> – 「민이와 정치」

여기에서 리다자오의 자각은 천두슈(陳獨秀)와 같이 서구의 광명을 인식하기만 하면 그것으로 충분하다고 하는 계몽주의적인 입장과는 달리 자기의 존재에 대한 깊은 반성과 자기 부정의 실천주의적 지향에서 나온 것이다. 그는 「민이와 정치」에서 "민적(民賊)의 소굴은 민군북지(民軍北指)의 허베이성(河北省)에 있는 것이 아니라 우리 자신의 뇌리 속에 있다"라고까지 언급한다. 이는 마치 중국의 암흑적 현상에 책임을 져야 할 위안스카이를 비롯한 제국주의적 제 세력에 면죄부를 주는 것처럼 보이기도 하지만, 그만큼 민 각자에게 현상에 만족해서 변혁을 추구하지 못한 책임을 엄격하게 추구하는 것이기도 하다. 나아가 중국은 본래 광활한 대지와 천혜의 자원을 가진 천부(天府)의 나라이기 때문에, 민이 자각해서 능동적으로 변혁의 주체로 우뚝 설 수 있다면, 중국은 그 재생과 함께 세계에 우뚝 설 수 있을 것이라고 한다. 그렇다면 민의 자각이란 무엇인가?

「민이(民彝)와 정치」에서 '이(彝)'를 상(常), 즉 인륜으로 해석하고 민이를 '인간이 지켜야 할 기본적인 도리'로 리다자오는 보고 있다. 리다자오 연구의 권위자인 모리스 메이스너는 "이 '민이'야말로 모든 공적인 일을 결정하고 모든 사물의 진실을 잴 수 있는 민중 본래의 권리"라고 설명하고 있다. 리다자오는 중국의 역사 속에서 민이가 위축된 이유를 중국의 전통적 군자(君子) 상에서 찾았다. 치세를 추구하는 중국의 군자들은 격식에 가득 찬 법규로 예법에 익숙하지 않은 민중을 규제해 왔는데, 여기에는 '호동오이(好同惡異)' 즉, 같음을 좋아하고 다름을 미워하는 사상이 담겨 있다. 이 호동오이 사상은 자신이 추구하는 것과 다른 것을 허용하지 않는 권력의 방자함을 낳았으며, 이로 인해 민은 각 개체의 자유를 상실하게 됐고, "정치는 정도를 벗어나게 되고 민은 곤경에 처하게 됐다."

따라서 민이를 회복시키기 위해서는 같음을 좋아하고 다름을 미워하는 사상을 조장해서는 안 되며, 무리하게 다름을 동일하게 만들려고 하는 사태를 단호하게 배격해야 한다. 이는 개개인의 '산사(散沙)'의 자유5에 의거해 동양적 전제의 연장인 군주전제, 위로부터의 일정한 지식·질서의 강제를 거부하는 것이다.

리다자오는 민의 자각과 민이의 정치라는 근본 원리를 내세워 이에 부합하는 그가 말하는 최적의 정치를 추구할 것을 주장했다. 최적의 정치란 유민주의(唯民主義)[민주주의]

를 정신으로 하고 대의정치(代議政治)를 형태로 하는 정치
로 국법과 민이가 소통하는 정치를 가리킨다. 그는 선진국
을 예로 들면서 선진국민은 이러한 정치를 추구하기 위해
죽음도 불사하고 민권 자유의 정화(精華)를 배양해서 오랫
동안 성숙시켜 마침내 오늘날 만개를 보기에 이르렀다고
보았다. 따라서 인간의 일반적 도리인 민이가 번성하게 된
선진국을 본받아 중국 역시 대의정치를 수립해야 한다고
설파했다.

나아가 리다자오는 민의 자각과 민이의 정치라는 근본
원리를 내세워 이 원리를 방해하는 모든 속박으로부터 벗
어날 것을 강조했다. 그에 따르면, 민이는 모든 진리의 기
준이기 때문에 가령 민이가 자유롭게 활동해서 사물의 현
실에 대응해 충분히 정치적으로 나타난다면 어떠한 혼란
이나 어려움이 있더라도 이에 의해 평형을 회복할 수 있다.
리다자오는 현실적으로 반원(反袁) 투쟁을 발판으로 해서
구 역사와 구 문명을 타파해서 민중의 자각을 촉진하는 한
편, 문화 · 정치 양면의 개혁을 통해서 중화의 재생을 촉진
했다. 반21개조 투쟁과 반원 투쟁을 통해 국민의 자각과
중화 재생의 가능성을 확신했지만, 민이를 어떻게 현실적

으로 전환할 것인가에 대해서는 구체적인 방법을 언급하지는 않았다. 오히려 그는 현상 타파의 의욕을 우주론의 형식으로 표현했다.

「청춘」이라는 글에서 리다자오는 우주는 본래 무한한 생명을 가지고 있는데, 현재 중국은 황량함과 쇠락함만이 남아 쇠약해져 있으니 청년의 자각에 의해 현상을 타파해서 본래의 생명을 회복해야 한다고 호소한다. 이 청춘은 민이의 자각을 통해 이루어지는 것으로, 리다자오는 암흑적 현상을 타파할 주관적 의지인 청춘에 우주론적 근거를 부여한다. '우주가 곧 나이고 내가 곧 우주이다[우주즉아, 아즉우주(宇宙卽我, 我卽宇宙)]'라는 대전제 아래 개인적 주체의 결합인 국민에게 우주의 무한 에너지를 제공함으로써 역사를 창조하는 주체의 형성을 우주론적인 형식으로 추구한 것이다. 이러한 사상은 중국의 당면 문제를 국제적 시야 속에서 바라보게 해서 러시아혁명, 세계데모크라시의 조류를 민감하게 받아들이는 기반이 됐다.

리다자오는 장쉰(張勳)의 복벽과 돤치루이(段祺瑞)의 복벽 평정 및 국무원 총리 취임이라는 정국의 혼란에서 "민국은 국가가 아니다", "법과 기강은 무너지고 국회는 해산됐다"(「거짓 조화를 배척한다(辟僞調和)」)라고 비판하며 중화민국의 체제와 주권을 수호할 것을 주창했다. 국민의 자각을 통한 중화 재생의 길이 새로운 국면으로 접어들게 된 것이다.

중화민국과
신중화민족주의

중화민국 국적을 가진 사람이라면
누구나 신중화민족이다.

　　　　　　　　　　－「신중화민족주의」

신해혁명에 의해 성립된 중화민국은 만주를 중국[한족]의 세계에서 몰아낸 것이 아니라 청조의 영역을 그대로 계승함으로써 '황제(黃帝)의 자손'이라고 하는 한족 내셔널리즘만으로는 새로운 '중국'을 통합하는 것이 곤란하게 됐다.

　임시대총통에 취임한 쑨원이 취임 연설문에서 "국가의 근본은 인민에 있다. 한(漢)·만(滿)·몽(蒙)·회(回)·장(藏) 제 지역을 하나로 합해 일국을 이루고, 제 종족을 합해서 하나로 한다. 이것을 민족의 통일이라고 한다"고 말한 것은 새로운 시대를 이끌어갈 새로운 민족을 창출하기 위함이었다.

　이후 쑨원은 한·만·몽·회·장 오족은 동심협력해서 국가의 발전을 도모해 중국을 세계 제일의 문명 대국으로 만들어 나가자고 주창했다. 이 '오족공화론'은 소수민족을 한족에 동화시켜려 했다는 문제점을 내포하면서도 제 민족을 하나로 통합해 중화민국의 국민을 창출하려고 했다는 점에서 민족 정책에 커다란 변화를 가져오게 만들었다.

　그리고 리다자오는 이 오족공화론을 넘어서서 새로운 중화민족론을 제기했다.

　민족주의란 동일 인종이 마치 자석이 서로 끌어당기

196

듯이 국경과 국적에 관계없이 멀리서도 서로 호응해서 서로 연대하고자 하는 경향이 있다. … 우리나라의 역사는 지금까지 장구하며 아시아의 다양한 민족의 융합을 거쳐 중화민족을 만들어 왔으며 분리되지 않은 채 혈통적으로 완전히 혼합된 역사도 길다. … 중화민국 국적을 가진 사람이라면 누구나 신중화민족이다. 그러므로 금후 민국의 정치나 교육, 법제는 모두 이러한 취지에 의거해서 민족정신을 건립하고 민족사상을 통일해야 할 것이다. 이 주의가 바로 신중화민족주의이다.

－「신중화민족주의」

리다자오는 일찍이 「청춘」에서 "우리 민족의 청년이 빛나는 이상과 숭고한 정신을 세계에 선포하는 것은 백발 중국의 불사(不死)를 필사적으로 변증하는 데 있는 것이 아니라 청춘 중국의 재생을 왕성하게 배양하는 데 있는 것이다. 우리 민족이 향후 세계에 우뚝 설 수 있는 여부는 백발 중국의 남은 목숨을 겨우 부지해 나가는 데 있는 것이 아니라 청춘 중국의 재생 부활에 있는 것이다." "금후 인류의 문제는 민족의 문제이며 연명해서 잔존하는 문제가 아니라 부활 갱생, 회춘 재조의 문제다"라고 언급한 바 있다. 이렇듯 리다자오는 중국의 재생 문제를 민족의 문제라고 말할 만큼 중시했다.

리다자오는 민족주의를 동일 인종이 국경과 국적을 초월해 상호 연대하려는 경향으로 이해했다. 동일 인종이라면 자석이 서로를 끌어당기듯 서로 호응하며 결속하려는 경향이 있다는 것이다.

그는 당시 세계의 민족 문제를 두 가지 유형으로 구분했다. 첫째는 오스트리아와 같이 서로 다른 민족이 하나의 국가 내에서 분열된 형태로, 그는 이를 제1차 세계대전 발발의 주요 원인으로 분석했다. 둘째는 아일랜드처럼 동일 민족이 서로 다른 국가에 분포하면서도 강한 연대 의식을 유지하는 경우다.

이러한 유형에 비추어 볼 때, 중국은 오랜 역사적 과정 속에서 다양한 민족이 융합해 중화민족을 형성해 왔다. 그리고 그는 중화민족이 역사적으로 혈통적으로도 지속적인 혼합 과정을 거쳐왔으며, 이러한 배경 속에서 고매하고 포용적인 민족정신이 형성됐다고 한다. 이러한 점에서 그는 중화민국 초기 쑨원에 의해 제기된 오족공화에 대해 유감을 표시했다. 그가 보기에 "오족의 문화는 점차 일치하는 과정에 있었으며 또한 단일한 자유로 평등한 공화(共和)라고 하는 국체에 속해 있으면서 이미 만·한·회·장이나 나아가 묘(苗)나 요(瑤) 등은 모두 역사 속으로 사라져 버렸기 때문"이다. 따라서 지금은 "중화민국의 국적을 가진 사람이라면 누구나 신중화민족이다"라는 것이 리다자오의 민족사상이다. 그리고 금후 중화민국의 정치나 교육, 법제는 모두 이러한 취지에 의거해서 민족정신을 고취해서 민족의 사상을 통일해야 하는데, 이러한 주의가 바로 '신중화민족주의'다.

리다자오는 신중화민족의 구성원이 되는 조건을 중화민국 국적을 가진 자로 규정했다. 중화민국의 국적법은 대청국적조례(大淸國籍條例)의 내용을 대체로 계승했는데, 이 국적법은 혈통주의를 기본으로 속지주의를 절충해서 중국 대륙에 거주하는 모든 주민은 물론 해외에 거주하는 화교에게도 중국인의 자격을 부여했다. 중화민국의 국토는 물론 해외에 거주하는 화교 역시 신중화민족의 범주에 포섭했던 것이다. 일찍이 량치차오는 한족을 비롯한 제 종족을 통합해서 대민족을 구성해야 한다고 주장했고, 이를 '중화민족'이라고 명명한 바 있다. 여기서 말하는 중화민족은 혈통이나 언어, 풍속을 초월해서 "나는 중국인이다", "나는 중화민족의 일원이다"라고 스스로 자각하는 민족의식의 발현에 의해 구현된다고 한다. 량치차오의 중화민족론은 민족의 개념을 혈통이나 언어, 풍속 등 객관적인 요소뿐만 아니라 스스로 그 일원이라고 여기는 주관적 요소를 가미한 것이다. 이는 국적에 근거한 리다자오의 신중화민족과는 대치되는 것으로 보이지만, 한족을 비롯해 제 민족을 융합해 이른바 '중화 대가정'을 이루고자 한 점에서는 일맥상통한다.

여기에 더해, 리다자오는 한족을 비롯한 여러 민족의 경계를 허물고 하나로 융화해야 한다고 청년들에게 호소했다. 그는 「신중화민족주의」와 같은 해 발표한 「학생문제(2)」에서 중국은 광활한 대지를 보유해 농업과 목축, 어업과 광산업을 할 수 있다고 하면서, 청년들은 '원정대(遠征隊)'를 조직해서 만리장성을 벗어나 변경지역의 자원개발에 나가서 몽·회·장 여러 동포와 서로 친밀하고 서로 융화되어 종래의 오해를 풀어버리고, 외인(外人)의 이간질을 차

200

단해서 국가의 이익을 도모하자고 말했다. 한족과 소수민족 사이의 융화를 실천하자는 주장은「신중화민족주의」에서 논하는 내용과 깊은 관련성을 가진다. 리다자오는 민족의 흥망에는 필부에게도 책임이 있다는 고염무의 말을 인용해 "구미의 풍파가 몰려오는 가운데 신중화민족주의의 젊은이들은 웅비약진해서 이 거대한 임무를 담당해야 한다"고 다시 한번 청년들에게 호소했다.

나아가 리다자오는 '신중화민족주의'를 통해 민족의식을 각성하고 민족정신을 일으켜 중화민국이 처한 내우외환의 위기를 극복해 나가고자 했다. 이러한 관점은 쑨원이 1919년 '삼민주의'에서 논한 민족주의와 일정 부분 상통한다. 쑨원은 종래의 오족공화론에서 벗어나 한족을 중심으로 만·몽·회·장을 하나의 용광로에 녹여 단련해서 하나의 '중화민족'이라고 하는 새로운 주의를 형성해야 한다고 보았다. 이는 당초 한족 이외의 4개 민족을 한족에 동화시켜 거대 민족국가를 구성한다는 입장이었으나 후에 중국 내 제 민족의 자결권을 보장하는 가운데 자유롭고 통일된 중화민국을 건설한다는 것으로 수정됐다.

리다자오와 쑨원은 모두 중화민족의 통합을 강조했으나

접근 방식에서는 다소 차이를 보인다. 쑨원의 경우 한족을 중심으로 소수민족을 융합하려는 방식에서 각 민족을 자결권을 보장하는 방향으로 입장을 조정한 반면, 리다자오는 처음부터 한족과 소수민족이 실질적인 융합을 이루어야 한다고 주장했다. 이러한 민족 정책은 현재 중화인민공화국에서 제 민족의 평등과 자결을 적극적으로 추진하면서 각 민족의 평등한 권리에 의거한 통일적 다민족국가의 실현을 추구하고 있다는 점에서 비판적으로 계승되어 갔다고 할 수 있다.

리다자오는 신중화민족주의 이론에 의거해서 당시 일본이 대대적으로 선양하던 대아시아주의를 반박했다. 그는 「대아시아주의와 신아시아주의(大亞細亞主義與新亞細亞主義)」에서 "대아시아주의는 중국주의를 병탄하려는 은어"이며 "대일본주의의 다른 이름"에 불과하다고 한다. 즉 일본은 아시아의 먼로주의를 빌려 구미가 동방으로 세력을 확장하는 것을 저지해서 아시아의 맹주가 되려고 한다고 보았다. 이는 결국 평화주의가 아닌 침략주의이고 민족자결주의가 아닌 제국주의이며, 아시아의 민주주의가 아닌 일본의 군국주의라는 것이다.

그래서 그는 일본만을 위한 '대아시아주의'가 아니라 아시아 모든 민족이 해방되어 민족자결주의를 실행한 후 하나의 거대한 연합을 결성하고, 나아가 구미와도 연합해 세계 연방을 완성함으로써 인류의 행복을 증진할 수 있는, 이른바 '신아시아주의'를 제창했다. '신중화민족주의'는 그의 궁극적 이상인 '신아시아주의'로 나아가기 위한 길을 제공하고 있는 셈이다.

문제와
주의 논쟁

우리의 사회운동은
한편으로는 실제적 문제를 연구해야 하며,
한편으로는 이상적인 주의를 선전해야 한다.

－「다시 문제와 주의를 논한다」

1919년 6월 5·4 신문화운동의 열기가 고조되는 가운데, 존 듀이(John Dewey)의 제자이자 실용주의자인 후스(胡適)는 편집을 맡고 있던《매주평론》제31호에「문제를 많이 연구하고 주의는 적게 말하자(多研究些問題 , 少談些主義)」라는 글을 발표한다. 이글에서 후스는 "현재 여론계의 가장 큰 문제는 신문지상의 학설이 편향되어 오늘날 중국 사회가 필요한 것은 무엇인지에 대해 고찰하지 않는 것이다"라고 하며 현실에서 벗어난 '주의'에 치우치지 말고 현재를 살아가는 데 필요한 구체적인 '문제'를 해결하는 일에 더 많은 노력을 기울여야 한다고 주창했다. 그는 '주의'의 가장 큰 위험은 사람들로 하여금 만병의 근원을 찾았다고 만족시켜 구체적인 문제에 대한 해결 방법을 연구하는 데 힘을 쏟지 않게 하는 것이라고 지적했다.

후스의 글은 당시 지식인 사회에 커다란 반향을 불러일으켰다. 먼저 장쥔마이(張君勵), 황위안성(黃遠生)과 함께 량치차오(梁啓超) 문하의 '세 소년'으로 알려진 란공우(藍公武)는《국민공보(國民公報)》에 반박하는 글을 발표해 '주의'의 중요성을 내세웠다. 란공우는 "문제를 구성하는 것은 반드시 객관적 사실로부터 비롯되는 것이 아니라 주관적 반성에 의한 것"이라면서, '주의'를 이용해 현실에 대한 사람들의 반성을 끌어내야 비로소 문제의식이 생기게 된다고 했다. 나아가 '주의'를 항해에 필요한 나침반과 등대에 비유하면서 '주의'가 있어야 인류가 나아갈 방향을 제시할 수 있다고 강조했다.

문제와 주의에 대한 본격적 논쟁은 당시 정치적 압박을 피해 허베이성 창리(昌麗)에 머물던 리다자오가 후스에게 장문의 서신을 보내면서 시작됐다. 리다자오는 "사회문제의 해결은 사회상 다수인 공동의 운동에 달려 있기 때문에 하나의 문제를 해결하기 위해서는 사회상 다수인 공동의 문제가 되도록 해야 한다"고 전제하고, 이를 위해서는 공동으로 추구하는 이상과 주의가 우선되어야 하며, 그것으로 생활상의 만족 여부를 헤아리는 척도로 삼아야 한다고 말했다.

그는 후스와의 논쟁에서 '사회상 다수인'=민중이 주의를 '일종의 공구'로 해서 사회문제를 인식하고 공동의 운동을 일으켜 해결한다는 새로운 인식론-운동론을 확립했다. 즉, 민중이 사회문제를 해결해 나가기 위해서는 그들 자신의 개인적 문제를 사회 전체의 문제로 연관시켜 나갈 필요성이 시급한데, 이를 위해서는 주의가 불가결하다는 것이다. 왜냐하면 주의란 민중들에게 사회문제를 이해하고 해결시켜 주기 위한 이상주의와 공통의 방향을 제공하기 때문이다. 이는 달리 말하면 사회상 다수인과의 연관성이 없는 문제를 아무리 연구한다고 하더라도 현실적인 사회문제를 해결할 수 있는 희망은 없을 것이라는 비판이기도 하다.

이러한 점에서 리다자오는 "우리의 사회운동은 한편으로 실제 문제를 연구해야 하지만, 한편으로 이상적 주의를 선전하는 것 역시 필요하기" 때문에 문제와 주의를 분리해서는 안 된다고 주장한다. 더구나 주의는 비록 현실적이지 않더라도 반드시 실험을 동반하며, 이 실험은 성공과 실패를 불문하고 인류 정신에 커다란 흔적을 남겨 영원히 소멸되지 않는 자산이 될 것이라고 한다.

예를 들어 영국의 오웬(Owen)주의자와 프랑스의 푸리에(Fourier)주의자들이 아메리카 신대륙에서 실험적으로 조성한 공상적 사회주의 운동은 비록 실패로 끝났지만, 이상적인 사회에 대한 표본을 제공함으로써 일반 사람들에게 새로운 사회의 생활이 희망적이며, 이를 통해 세계를 개혁할 수 있다는 믿음을 주었다는 것이다. 이 점에서 어떠한 주의

를 막론하고 실제 운동 방면에서 전력을 다해 추구해 나간
다면 그 자체로 긍정적이며 또한 효과적이라는 것이다.

이는 바로 후스가 지식인은 실제 문제의 냉정한 연구를
위한 조건을 확보하기 위해 정치무대에서 한걸음 물러나
야 한다고 하는 주장과 정면에서 상충하는 것이다. 그런데
한 가지 점에서는 리다자오 역시 후스의 견해에 동의를 표
한다. 그가 "우리들이 최근 발표한 언론이 탁상공론에 치
우친 것이 많으며, 실제 문제를 다루는 경우가 적다는 점은
인정한다. 이제부터는 맹세코 실제 방면을 추구해 나가고
자 한다"라고 언급한 것은 이상과 실용의 조화 속에서 현실
사회를 개혁해 나가고자 하는 의지의 표현으로 볼 수 있다.

나는 '문제'와 '주의'는 완전히 분리할 수 없는 관계라
고 생각한다. … 우리가 어떤 문제를 해결하려면 당연
히 사회적으로 다수인의 공동 문제가 되도록 해야 한
다. 사회문제가 사회적으로 다수인의 공동 문제가 되
도록 하기 위해서는 사회적으로 이러저러한 사회문
제를 공동으로 해결하려는 다수인이 공동으로 추구
하는 이상과 주의를 가져야 하며, 그들이 자신의 생활

208

에 만족하는지 만족하지 않는지를 실험할 수 있는 척도[일종의 도구]를 만들어야 한다. … 따라서 우리의 사회운동은 한편으로는 실제적 문제를 연구해야 하며, 한편으로는 이상적인 주의를 선전해야 한다.

－「다시 문제와 주의를 논한다」

주의에는 모두 이상과 실용이라는 양면성이 있다는 전제하에 리다자오는 민주주의라는 도구를 통해 봉건 왕조를 무너트린 것처럼 사회주의라는 도구를 이용해 자본가 계급을 몰아내고 노동하지 않는 관료 계급을 제거할 수 있다고 한다. 따라서 "사회주의자는 자신의 주의가 사회에 영향을 미치기 위하여 어떻게 하면 자신을 둘러싼 현실 조건에 자신의 사상을 적용시킬 수 있을 것인가를 연구해야만 한다. 현대사회에서 주의는 그의 정신을 실제적인 형태로 바꾸어 현재의 필요에 맞추려는 매우 많은 시도를 함유하고 있다. 이는 주의가 그 본질에서 현실에 적용될 가능성을 갖추고 있음을 증명하는 것이다."

이에 더해 리다자오는 후스가 말하는 주의의 위험성이란 주의 자체에 있는 것이 아니라 그것을 공론화(空論化)시키는 사람들에 있는 것이라고 반박하며 주장을 갈무리한다.

　리다자오 연구 권위자 모리스 메이스너는 "리다자오·후스 논쟁의 쟁점은 이론과 실천의 관계에 대한 철학적 문제도 아니며 주의에 개입하는 것의 가치에 대한 문제도 아니"라며 논쟁의 핵심은 "중국의 문제가 정치적 혁명에 의해 해결될 것인가, 또는 완만하고 점진적인, 본질적으로 비정치적인 사회개량에 의해서 해결될 것인가"라는 보다 현실적이고 직접적인 문제라고 지적한다. 후스는 다른 글에서 "문명이란 한꺼번에 창조되는 것이 아니라 한 걸음 한 걸음 창조되는 것이다"라며 점진적 사회개혁을 주창한 바 있지만, 리다자오는 "먼저 근본적인 해결이 있고 나서 하나하나의 구체적인 문제를 해결할 수 있는 희망이 생겨난다. 러시아를 예로 든다면 로마노프 왕조가 전복되지 않고 경제조직이 개혁되지 않았다면 아무런 문제도 해결되지 않았을 것이다. 이제 그 모든 문제가 해결됐다"면서 근본적인 정치변혁만이 개별적인 사회문제 해결의 필요조건이라는 신념을 거듭 확인하고 있다.

　주의를 통한 근본적 정치변혁에 대한 신념은 나=개인의 주체적 사상활동을 '사회상 다수인'=집단적 주체의 사회

개조 운동의 일부분으로 하고 자신을 한 지식인에서 혁명
공작자로 전화시켜 나갈 수 있게 했다. 이 논쟁을 통해 리
다자오는 「민의와 정치」에서 흩어진 모래와 같이 파편화
된 자유의 민중에게서 어떻게 민의를 형성할 것인가라고
스스로 제기한 난문을 해결할 실마리를 발견했다고 할 수
있다.

마르크스주의와
중국 혁명

우리들이 주장하는 것은
물심양면의 개조이며, 영육일치의 개조이다.

– 「나의 마르크스주의관」

신문화운동은 중화민국 혁명의 좌절과 반성 속에서 이른바 '민국[민의 나라]'의 이념을 실현하기 위한 지식인의 자각과 분투 속에서 전개됐다. 그중 리다자오에 의해 주창된 마르크스주의의 출현은 '민주'와 '과학'을 기치로 하는 다양한 신사조의 난무 속에서 일어난 20세기 중국 사회정치의 최대 산물이라고 하겠다.

리다자오는《신청년》잡지에 중국 최초로 마르크스주의에 관한 다양한 글을 발표해 마르크스주의 이론을 체계적으로 소개했다. 그는 「서민의 승리(庶民的勝利)」라는 글에서 제1차세계대전의 원인을 "자본주의 국가가 생산력을 국내에서만 수용할 수 없는 상황에서 전쟁이라는 수단을 통해 국가의 영역을 벗어나 자국을 중심으로 하는 대제국을 건설해서 단일 경제조직을 만들어 자국 내 자본가계급의 이익을 도모한 것"이라고 설명했다.

따라서 이 전쟁의 결과는 곧 자본주의의 패배를 의미한다고 평가했다. 또한 1917년에 일어난 러시아혁명은 비록 한 나라에서 일어났지만, 서민이자 노동자의 위대한 승리로 그 조류와 정신은 곧 전 세계로 확대되어 갈 것이라고 예상했다. 즉, 자본주의의 실패와 러시아혁명의 승리라는 인식하에 리다자오는 앞으로의 세계는 모든 인간이 서민이 되고 동시에 노동자가 될 것이라고 보았다.

리다자오는 하부구조의 변혁이 상부구조의 변혁을 불러온다는 유물론적 관점에서 정통 마르크스주의 이론을 중심으로 각종 주장을 전개했다. 마르크스주의적 관점에 의하면 법률·정치·윤리 등 사회의 정신적 구조는 모두 상부구조이다. 그 밑에는 경제구조가 있어서 모든 것의 기초를 이루기 때문에 경제조직이 변하게 되면 모든 것이 변하게 마련이다. 따라서 경제문제가 해결된다면 정치, 법률, 가족제도, 여성, 노동자 등의 모든 상부의 문제는 자연스럽게 해결된다. 그런데, 리다자오의 마르크스주의는 혁명을 경제적 요인으로만 보는 것이 아니라 혁명운동에 참여하는 변혁주체의 주체적인 자각 및 행동이 불러일으키는 영향을 중시한다는 점에서 특색이 있다.

우리들은 인도주의로 인류정신을 개조하고 동시에 사회주의로 경제조직을 개조할 것을 주장한다. 경제조직을 개조하지 않고 단지 인류정신만을 개조하려고 하면 반드시 성과를 거두지 못할 것이다. 인류정신을 개조하지 않고 단지 경제조직만을 개조하려고 하면 역시 성공하지 못할 것이다. 우리들이 주장하는 것은 물심양면의 개조이며, 영육일치의 개조이다.

　　　　　　　　　　　　　　　　－「나의 마르크스주의관」

　그는 위의 사료에서 소개했듯이 물심양면의 개조를 동시에 추구할 것을 주장한다는 점에서 '하부구조'의 존재 형태가 사회를 규정하고 인간의 의식을 규정한다고 하는 이른바 '정통 마르크스주의'와는 다르게 인간의 의지에 좀 더 비중을 두고 있다. 이 주관주의적 마르크스이론 해석이야말로 현대 중국에서 그를 높게 평가하는 주요한 원인이기도 하다.

　리다자오는 일찍이 자본주의의 해악을 지적하는 글에서 "인류가 살아가기 위해서는 의식(衣食) 외에 지식이 필요하고 물질적 욕망 외에 정신적 요구가 필요하다"고 하면서 "사람들은 자본가가 노동사회의 물질적 과실을 뺏어가는 것을 자본가의 최대 포학·최대 죄악이라고 생각하지만, 그들 자본가는 노동사회의 정신적 수양의 시간을 뺏어간다. 이 포학·죄악이야말로 재화를 약탈하는 것보다도 한

충 더 증오해야만 한다"라고 역설한 바 있다. 자본주의의 폐해는 물질적 착취뿐만 아니라 정신적 착취에 있다고 함으로써 정신의 중요성을 강조한 것으로, 그가 모든 해방의 기초는 '정신 해방'에 있다고 주장한 것은 바로 이러한 맥락에서 이해할 수 있다.

그런데, 리다자오가 인간의 주체적인 자각 및 행동의 중요성을 주장한 것은 그가 마르크스주의를 받아들이기 전부터 찾아볼 수 있다. 그는 「청춘(靑春)」에서 "진취적이고 예리한 청년은 모든 장소, 모든 순간 속에서 영원히 소용돌이치며 멈추지 않는 대홍류(大洪流) 속에 서서 마땅히 강물의 흐름에 굴하지 않는 정신과 늠름하고 독립적인 기백으로 그 조류에 맞서 그 세력을 제압하고 불변으로써 그 변화에 응하며… 그 평등으로써 차별을 제어한다. 이리하여 우주의 생애를 나의 생애로 삼고, 우주의 청춘을 나의 청춘으로 삼는다"라고 하며 무한한 우주와 시간의 흐름 속에서 티끌과 같은 보잘것없는 인간이지만, 주체적인 정신과 기백을 갖고 현실의 제 모순에 맞서 싸워나가야 한다고 주창한다. 정신세계의 무장을 통해서 현실을 개척해 나간다고 하는 것은 곧 '역사'에 매몰되는 수동적인 인간이 아니라

'역사'를 만들어가는 능동적인 인간상을 지향하고 있는 것이다.

그런데, 리다자오는 인민의 자각 위에서 중국을 재생하는 문제를 단지 중국의 국내 문제에 국한하지 않고, 국제사회의 관점에서 설명했다. 특히 그는 제국주의 열강에 압박받는 중국 인민을 '세계 프롤레타리아계급'이라고 규정했다. 그는 부르주아와 프롤레타리아가 계급투쟁을 실천하는 가운데 노동자계급은 역사적 임무를 자각해 나간다고 보았다. 그런데, 당시 중국 사회는 계급분화와 대립이 아직 심각하지 않은 상황이라 과연 사회변혁의 주체로서 프롤레타리아가 존재하는가 하는 의문이 제기될 수 있었다.

리다자오는 「중국의 사회주의와 세계의 자본주의(中國的社會主義與世界的資本主義)」라는 글에서 "중국은 구미와 일본 등과 같이 자본주의가 발전하지는 않았지만, 중국의 인민은 자본주의 경제조직의 압박을 받아 직접 자본주의 압박을 받는 각국의 프롤레타리아계급보다 더 고통을 받고 있다"고 했으며, "중국의 실업을 발전시키기 위해서는 순순한 프롤레타리아계급으로 구성된 정부를 구축해 국내의 약탈계급을 타파하고 세계자본주의에 저항하는 사회주의 조직을 통해 실업을 경영해야 한다"고 역설했다. 즉 계급 문제를 일국 내의 계급투쟁으로 설명하는 것이 아니라 자본주의[제국주의] 부르주아 대 중국 프롤레타리아계급의 대립으로 설명한 것이다. 이는 계급론에 대한 분석으로는 정치함을 결여하고 있지만, 중국 인민이 당면하고 있는 고통은 제국주의의 침략에 그 원인이 있고 나아가 그것은 자본주의의 모순이 집약적으로 나타난 것이기 때문에 이에 저항하기 위해서는 사회주의적 조직을 통해 맞서야 한다고 본 민족주의적인 계급론이라고 할 수 있다.

이러한 점에서 모리스 메이스너는 리다자오를 "중화민족 전체를 세계 프롤레타리아와 일체시한 열렬한 민족주의자"라며 그의 민족주의적 경향과 인민주의적 경향을 '프롤레타리아 민족'이라고 평가한다. 물론 리다자오를 량치차오나 장빙린(章炳麟)과 같이 일국적 민족주의자라고 할 수는 없다. 예를 들어 그는 태평천국운동을 명이 망한 이래의 '반청복명'의 민족혁명운동이면서 동시에 제국주의의 경제적 압박에 대항해서 일어난 민족혁명운동으로 보았다. 나아가 태평천국이 멸망한 이후에도 그 전통은 삼합회(三合會), 가로회(哥老會) 등으로 이어지면서 중국의 민족해방운동은 결코 멈추지 않았으며, 이는 세계혁명의 일부로서 혼연일체를 이루었다고 평했다.

이와 같이 민족주의를 국제 사회주의 운동과 결합하려는 시도는 전통적 일국 중심의 민족주의를 넘어서는 특징을 지닌다. 리다자오는 중국의 민족주의를 세계 피억압 민족과 프롤레타리아계급의 해방 운동과 연결시키며, 이를 통해 중국 혁명의 보편성과 정당성을 강조했다. 이러한 그의 사상은 후일 중국공산당의 반제국주의 노선과 국제 연대 전략 나아가 제3세계 민족해방운동에 사상적 토대를 제공했다. 오늘날 중국이 중화민족의 부흥을 세계 질서 재편의 흐름으로 정당화하는 담론에는 리다자오의 사상이 깊이 스며들어 있다고 하겠다.

05

현재주의적 역사관과
민족주의

역사관은 진실로 인생의 척도가 된다.
진정한 인생관을 확립하기 위해서는
반드시 진정한 역사관을 지녀야 한다.

- 「사관」

리다자오는 인류의 역사를 단지 과거의 사실 그 자체[객관적 사실]보다 과거를 어떻게 보는가 하는 현재적 인식 문제[주관적 관념]에 중점을 두었다. 현재적 인식을 중요시하는 태도는 그가 1918년에 쓴 「현재(今)」의 시각과도 상통하는 점이 있다. "무한한 '과거'는 모두 '현재'로 귀결된다. 무한한 '미래'는 모두 '현재'가 연원이 된다. '과거'와 '미래'의 중간에 '현재'가 있어 그것들은 서로 연속하며, 영원을 이루고 있고 시작도 없고 끝도 없는 커다란 실재를 이루고 있다. 현재를 통해 무한한 과거와 미래는 서로 호응한다. 이것이야말로 과거와 미래는 모두 현재의 도리라는 것이다. 따라서 현재가 가장 귀중한 것이다"라는 관점은 현재적 입장에서 과거를 재해석하고 미래를 창조해 나가려고 하는 의지를 나타내는 것이다. 마치 "모든 역사는 현재사이다"라는 크로체(Benedetto Croce)의 주장을 보는 것 같다.

현재적 입장을 중시하는 그의 역사관은 1924년에 저술한 『사학요론(史學要論)』에서 보다 구체적으로 명시됐다. 마르크스주의 유물사학에 대한 최초의 이론서로 평가받는 이 책에서 그는 '역사'란 인류 생활의 행적이 연속되는 것으로서 끊임없이 변화하고 진보하며, 움직이는 것으로,

그것은 과거와 현재, 그리고 미래의 전 인류의 생활을 관통하는 것이라고 정의한다. 따라서 『사기(史記)』, 『이십사사(二十四事)』등의 기록은 중국의 역사를 연구할 때 필요한 매우 중요한 재료가 되지만, 그 자체가 '역사', 즉 '살아있는 역사'를 대변하는 것은 아니라고 한다. 나아가 역사적 사실이란 "과거의 것이며, 다시는 돌아오지 않는다. 그러나 사실에 대한 우리의 인식은 생동적이며 수시로 변화하고 있다. 이리하여 역사적 사실이 형성된다. 이른바 역사적 사실이란 곧 인식된 사실이며, 이 인식은 살아있고 진보적이다"라고 서술한다.

리다자오는 과거에 일어났던 객관적 사실 그 자체에 대한 관심보다는 현재를 살아가는 있는 '우리'가 과거의 사실을 어떻게 인식하는가 하는 해석 문제에 관심을 기울였다.

인류의 역사는 어떻게 시작됐는지 알 수 없으며, 어떻게 끝날 것인지도 알 수 없다. 시작도 없고 끝도 없이 도도하게 흐르는 역사의 물줄기 속에서 우리가 있고 우리의 생활이 있다. 과거와 미래가 아득하고 망망한 상태에서 역사의 본질을 분명히 관철하고, 역사의 방향성을 알지 못한다면 우리는 인생의 의미를 찾지 못할 것이며, 의지해서 따를 것도 없어져, 갈 곳을 잃은 채 광막한 대양 위에 던져진 한 조각 돛단배와 같은 신세가 될 것이다. 따라서 역사관은 진실로 인생의 척도가 된다. 진정한 인생관을 확립하기 위해서는 반드시 진정한 역사관을 지녀야 한다.

– 「사관」

그는 「사관」에서도 "사실은 죽은 것으로 한번 이루어지면 불변하는 것이지만, 인식은 살아있는 것으로 시대와 더불어 변화하는 것이다"라고 말한 바 있다. "과거와 현재 미래를 관통하는 전 인류의 생활로서의 역사는 곧 사회적 변혁을 의미한다"라는 관점에서 우리는 역사를 통한 현실개혁의 강한 의지를 읽을 수 있다.

그렇다면 이러한 역사를 연구하는 역사학이란 어떠한 학문인가? 리다자오는 역사학을 "전체 인류의 생활 즉, 사회의 변혁을 연구하는 학문으로 끊임없이 변화하는 인류 생활 및 그 산물인 문화를 연구하는 학문"이라고 정의했다.[『사학요론』] 다시 말하면 "역사학이란 사회의 변혁을 연구하는 학문으로서 끊임없이 변화하는 중에 있는 인생 및 그 산물인 문화를 연구하는 학문"이라는 것이다.

여기에서 역사적 사실을 기술하고 정리하려면 그 상호 인과적인 관계를 연구하고 종합하기 위한 역사이론[역사과학]을 정립할 필요가 있다고 한다. 그는 역사학은 인류가 경험한 제반 사실을 연구 대상으로 삼기 때문에 세세한 역사적 사실을 조사해서 이를 확정하고 정리, 기술하는 것도 중요한 직분에 해당하지만, 여기에 머물러서는 안 된다고 말한다. 즉 역사가는 "개개의 세세한 사실을 고증해서 명확히 하는 것뿐만 아니라 사실과 사실 간의 상호영향과 인과관계를 명확히 해서 역사 전반에 걸친 보편적인 법칙을 탐구해야 한다"는 것이다. 이를 위해 사실을 기술하는 역사 외에 일반적인 법칙을 토론하는 것을 주로 하는 과학으로서의 역사이론을 세울 필요가 생긴다.

리다자오는 이를 바탕으로 1920년대 당시 사학의 현상에 대해 "여전히 사실을 고증하는 데에 온 힘을 기울였으나 이 고증은 단지 세세한 사례 그 자체를 분명히 하려는 것을 목적으로 한 것이지 결코 역사발전 법칙의 일반적인 성질을 규명하기 위한 고증은 아니었다"라고 비판했다.

여기에서 리다자오는 역사이론의 실체에 대해서는 명확히 언급하지 않지만, 마르크스주의에 입각한 사적유물론[유물사관]을 상정하고 있다. 그는 「현대 사학사상 유물사관의 가치」라는 글에서 유물사관을 언급하면서 "종전의 역사는 오로지 왕공세작(王公世爵)의 공적을 기술한 것으로, 역사가는 이들 권세계급의 환심을 사는 데 급급했다"라고 지적한다. 또, 이러한 역사는 인민의 정신을 마비시켜 그들 자신이 처한 고난을 모두 천명이라고 인식하게 해 자신들의 운명을 개척하려는 의도를 사전에 방지하고 단지 복종하게 하는 도구에 지나지 않았다고 비판한다.

따라서 지금 필요한 일은 인민에게 현재와 미래를 창조해 나가는 자신의 위대한 역량을 일깨워 주는 것으로, 이는 유물사관을 통해 가능하다고 주창한다. 왜냐하면, "모든 과거의 역사는 우리 자신이 구비하고 있는 인력으로 창조하는 것이지 위인, 성인이 우리에게 만들어 주는 것이 아니며 또한 상제가 만들어 주는 것도 아니기" 때문이다. 이에 중국 인민이 자각하여 일어나 세계 인민과 연합해 세계 인민의 새로운 역사를 창조해 나가야 한다고 역설한다. 이렇게 인간을 추상적인 개인으로 파악하지 않고 구체적으로 '사회 다수가 공동의 목적을 위해 운동'을 하는 일원으로 인식하고 있는 것에 주목해 그의 사관을 '인민사관(人民史觀)'이라고 한다. 인민사관은 대중이 운동 속에서 자기의식을 변혁시켜 세계를 인식할 때 바로 혁명은 참된 혁명으로서 자리하게 된다는 역사관이다.

중국의 문제를 중국 내부에 국한하는 것이 아니라 세계 문제의 일부로서 파악하고자 한 리다자오의 주장은 량치차오의 민족주의적 역사관과는 구별된다. 그러나 리다자오 역시 민족주의라는 커다란 흐름에서는 완전히 자유롭지 못했다.『사학요론』의 말미에서 중국의 민족주의 문제에 대해 신해혁명 이전의 민족주의는 한족과 만주족 간의 문제였으나 신해혁명 이후의 민족주의는 한·만·몽·회·장 오족을 일가로 삼는 것을 가리켰다고 한다.

그리고 국민당 정부 시기에 들어 대외적으로 중국 민족은 어떠한 민족의 침략과 압박에도 굴하지 않고 저항하며, 대내적으로는 국내의 다양한 민족의 자결과 독립을 보장한다는 국민당의 민족주의 해석에 대해 매우 참신하며 타당하다고 긍정적인 평가를 내렸다.

나아가 그는 현재 중화민족은 세계 민족의 계급전쟁에

대한 준비를 해야 하는데, 세계사상 중화민족의 공헌은 늙고 쇠퇴했기 때문에 이를 다시 부흥하기 위해서는 새로운 문화를 받아들이고 새로운 피를 수혈해야 하며, 중국의 민족정신을 세계에 널리 현창해야 한다고 주장했다.

리다자오는 역사를 현실 인식의 거울로 보며, 민족의 운명은 그 시대 사람들의 시대적 자각과 선택에 달려 있다고 봤다. 그는 중화민족의 부흥을 위해 서구 문명의 비판적 수용과 민족정신의 재정립을 주장하며 신문화운동과 반제국주의 운동에 사상적 기반을 제공했다. 이러한 역사관은 중국공산당의 형성과 대중 동원의 정당성으로 작용했으며, 다민족 통합과 민족 자강의 이상은 현대 중국의 국가 이념과 애국주의 담론에 깊은 영향을 줬다.

주석

1〉 일본은 전통적으로 울릉도를 '다케시마(竹島)', 독도를 '마쓰시마(松島)'로 불러왔다. 그러나 1840년경, 나가사키 데지마에 체류하던 독일인 지볼트(Philipp Franz von Siebold)가 간행한 『日本圖 (Map of Japan) 』에서 울릉도를 '마쓰시마', 독도를 '다케시마'로 표기하면서 명칭 혼란이 발생했다. 이후 이러한 표기가 일본 내 지도와 문헌에 반복적으로 수용되면서 공식화되어 지금에 이르고 있다.

2〉 화각본과 화해본은 모두 일본에서 외국(대부분 중국)의 서적을 출판하거나 번역, 주석을 단 형태의 책을 말한다. 화각본은 일본에서 목판 등으로 간행한 서적이라는 뜻으로 주로 중국 원문에 일본식 독음을 달거나 주석을 붙이는 경우가 많다. 이에 비해 화해본은 중국 원문을 일본어로 완전히 번역하고 해석한 것으로 중국어 원문을 몰라도 내용을 이해할 수 있도록 간행한 서적이다.

3〉 스위스의 법학자 블룬칠리는 '국가유기체론'을 제창하면서 루소의 사회계약설을 비판하고, 나아가 절대군주제와 인민주권론을 모두 비판했다. 그는 국가의 주권이 국민에게 있다는 입장을 견지하면서도 동시에 국가는 국민의 복리와 문명화를 증진하고 법규를 제정하며 국민의 참정권과 자유권을 육성하는 등 고유의 목적을 가진 존재라는 점을 강조했다.

4〉 우창기의는 1911년 10월 10일 중국 후베이성(湖北省) 우창에서 청나라 신군(新軍) 내 혁명파 장교들이 주도한 무장 봉기로, 신해혁명의 도화선이 됐으며, 결국 청조의 붕괴와 중화민국의 탄생으로 이어진 역사적 사건이다.

5〉 산사의 자유란 전통적인 권위나 질서에 얽매이지 않고 개개인의 자율성에 따라 살아가는 자유를 의미한다.

참고문헌

PART 1 일본 근대화의 정신적 지주_요시다 쇼인(吉田松陰)

김세진, 『요시다 쇼인 시대를 반역하다: 일본 근현대 정신의 뿌리, 요시다 쇼인과 쇼카손주쿠의 학생들』, 호밀밭, 2018.

박훈, 『메이지를 설계한 최후의 사무라이: 그들은 왜 칼 대신 책을 들었나』, 21세기북스, 2020.

이희복, 『요시다 쇼인: 일본 민족주의의 원형』, 살림출판사, 2019.

임태홍, 『일본 사상을 다시 만나다: 일본의 대표적 사상가 16인의 생애와 사상』, 성균관대학교 출판부, 2014.

古川薰, 『松下村塾と吉田松陰: 維新史を走った若者たち』, 新日本教育図書, 1996.

奈良本辰也, 『吉田松陰著作選』, 講談社學術文庫, 2022.

河上徹太郎, 『吉田松陰: 武と儒による人間像』, 講談社文藝文庫, 2009.

PART 2 일본 문명개화의 선구자_후쿠자와 유키치(福澤諭吉)

가와무라 신지, 『후쿠자와 유키치』, 이혁재 옮김, 2002.

마루야마 마사오, 『문명론의 개략을 읽는다』, 석근 옮김, 문학동네, 2009.

임종원, 『후쿠자와 유키치(福澤諭吉)의 문명사상연구(文明思想研究)』, 계명, 2000.

후쿠자와 유키치, 『문명론 개략』, 성희엽 옮김, 소명, 2020.

후쿠자와 유키치, 『서양사정』, 송경호 외 옮김, 여문책, 2021.

후쿠자와 유키치, 『학문의 권장』, 남상영 옮김, 소화, 2003.

후쿠자와 유키치, 『후쿠자와 유키치 자서전』, 허호 옮김, 이산, 2006.

安西敏三, 「福澤諭吉における國民(ネーション)の形成」, (鷲見誠一・蔭山宏編), 『近代國家の再検討』, 慶應義塾大學出版會, 1998.

安川壽之輔, 『福澤諭吉のアジア認識』, 高文硏, 2002.

安川壽之輔, 『福澤諭吉の戰爭論と天皇制論』, 高文硏, 2006.

遠山茂樹, 『福澤諭吉-思想と政治の關連-』, 東京大學出版會, 1970.

PART 3 중국 근대화의 발화점_량치차오(梁啓超)

양계초, 『신민설』, 이혜경 주해, 서울대학교 출판문화원, 2014

양계초, 『중국 근대의 지식인: 양계초(梁啓超)의 「청대학술개론(清代學術概論)」』, 전인영 옮김, 혜안, 2005.

요시자와 세이이치로, 『중국근현대사 1: 청조와 근대 세계, 19세기』, 정지호 옮김, 삼천리, 2013.

요시자와 세이치로, 『애국주의의 형성: 내셔널리즘으로 본 근대중국』, 정지호 옮김, 논형, 2006.

이혜경, 『천하론과 근대화론: 양계초를 중심으로』, 문학과 지성사, 2002.

전인갑, 『현대 중국의 제국몽: 중화의 재보편화 100년의 실험』, 학고방, 2016

전인갑, 왕위안저우 편저, 『한중 역사인식의 공유: 민족주의의 뿌리와 과제』, 동북아역사재단, 2020.

프라센지트 두아라, 『민족으로부터 역사를 구출하기: 근대 중국의 새로운 해석』, 문명기·손승회 옮김, 삼인, 2004.

허도학, 『중국근대화 기수 양계초(梁啓超)』, 임방서원, 2000.

王柯, 『20世紀中国の国家建設と民族』, 東京大学出版会, 2006.

兪旦初, 『愛國主義與中國近代史學』, 中國社會科學出版社, 1996.

李喜所 主編, 『梁啓超與近代中國社會文化』, 天津古籍, 2005.

丁文江·趙豊田編/島田虔次譯, 『梁啓超年譜長編』, 岩波書店, 2004,

狹間直樹, 『梁啓超:西洋近代思想受容と明治日本』, みすず書房, 1999.

Levenson, Joseph R., *Liang Ch'i-ch'ao and the Mind of Modern China*, University of California Press, 1967.

Xiaobing, Tang, *Global space and the nationalist discourse of modernity : the historical thinking of Liang Qichao*, Stanford University Press, 1996.

PART 4 중국 혁명의 아버지_쑨원(孫文)

가와시마 신, 『중국근현대사 2: 근대국가의 모색, 1894-1925』, 천성림 옮김, 삼천리, 2013.

김학관, 『손중산과 근대 중국: 중국 근대사의 이해』, 집문당, 2004.

민두기, 『중국 초기 혁명운동(中國 初期 革命運動)의 연구(研究)』, 서울대학교 출판부, 1997.

신연철 편역, 『손문(孫文)과 국공합작(國共合作)』, 성균관대학교 출판부, 1989.

오노데라 시로, 『중국 내셔널리즘: 민족과 애국의 근현대사』, 김하림 옮김, 산지니, 2020.

이승휘, 『손문의 혁명』, 한울엠플러스, 2018.

최요한, 『손문(孫文)의 생애(生涯)와 삼민주의(三民主義)』, 박영사, 1980.

호리카와 테츠오, 『손문(孫文)과 중국혁명(中國革命)』, 왕재열 편역, 역민사, 1983.

高山洋吉, 『三民主義: 孫文遺囑』, 育生社, 昭和14 1939.

陳德仁, 安井三吉編, 『孫文 · 講演「大アジア主義」資料集: 1924年11月日本と中国の岐路』, 法律文化社, 1989.

日本孫文研究會 · 神戸華僑華人研究會 共編, 『孫文と華僑:孫文生誕130周年記念國際學術討論會論文集』, 汲古書院, 1999.

孫文研究會編, 『辛亥革命の多元構造: 辛亥革命90周年國際學術討論會 (神戸)』, 汲古書院, 2003.

深町 英夫, 『孫文革命文集』, 岩波書店, 2011.

Etō Shinkichi and Schiffrin, Harold Z., *China's republican revolution*, University of Tokyo Press, 1994.

PART 5 중국 최초의 마르크스주의자_리다자오(李大釗)

김학준, 『혁명가들: 마르크스에서 시진핑까지, 세계공산주의자들의 삶과 죽음』, 문학과지성사, 2013

모리스 메이스너, 『이대조(李大釗): 중국사회주의의 기원』, 권영빈 옮김, 지식산업사, 1992.

왕난스, 『중국철학의 근본적 재구성을 위한 여정: 중국화된 마르크스주의 철학의 모색』, 안인환, 제효봉, 가맹맹 옮김, 학고방, 2020.

조경란, 『20세기 중국 지식의 탄생』, 책세상, 2015

郭德宏, 張明林, 『李大釗傳』, 紅旗出版社, 2016.

森正夫, 『李大釗』, 人物往来社, 1967.

田偉, 『田漢と李大釗』, 論創社, 2022.

坂元ひろ子, 『原典中國近代思想史:世界大戰と國民形成』, 岩波書店, 2010.

許全興, 『李大釗哲學思想研究』, 北京大學出版社, 1989.

Dirlik, Arif, *The origins of Chinese Communism*, Oxford University Press, 1989.

KI신서13575

변혁의 물결
근대화를 향한 동아시아의 도전

1판 1쇄 인쇄 2025년 5월 21일
1판 1쇄 발행 2025년 6월 4일

지은이 정지호
펴낸이 김영곤
펴낸곳 ㈜북이십일 21세기북스

인문기획팀 팀장 양으녕 **책임편집** 서진교 **마케팅** 김주현
교정교열 김태관 **디자인** THIS-COVER
출판마케팅팀 남정한 나은경 최명열 한경화 권채영
영업팀 변유경 한충희 장철용 강경남 황성진 김도연
제작팀 이영민 권경민

출판등록 2000년 5월 6일 제406-2003-061호
주소 (10881) 경기도 파주시 회동길 201(문발동)
대표전화 031-955-2100 **팩스** 031-955-2151 **이메일** book21@book21.co.kr

ⓒ 정지호, 2025

ISBN 979-11-7357-285-2 04100
　　　978-89-509-4146-8 04100 (세트)

(주)북이십일 경계를 허무는 콘텐츠 리더

21세기북스 채널에서 도서 정보와 다양한 영상자료, 이벤트를 만나세요!

페이스북 facebook.com/jiinpill21　　포스트 post.naver.com/21c_editors
인스타그램 instagram.com/jiinpill21　　홈페이지 www.book21.com
유튜브 youtube.com/book21pub

책값은 뒤표지에 있습니다.
이 책 내용의 일부 또는 전부를 재사용하려면 반드시 (주)북이십일의 동의를 얻어야 합니다.
잘못 만들어진 책은 구입하신 서점에서 교환해 드립니다.

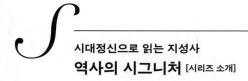

시대정신으로 읽는 지성사
역사의 시그니처 [시리즈 소개]

* 출간 예정 목록 (가제)

‖ 동양 편 ‖